权威·前沿·原创

皮书系列为
"十二五"国家重点图书出版规划项目

中国商业银行竞争力报告
（2014）

ANNUAL REPORT ON THE COMPETITIVENESS OF CHINA'S
COMMERCIAL BANKS (2014)

主　编／王松奇
副主编／刘煜辉　欧明刚

社会科学文献出版社
SOCIAL SCIENCES ACADEMIC PRESS（CHINA）

图书在版编目（CIP）数据

中国商业银行竞争力报告. 2014/王松奇主编. —北京：社会
科学文献出版社，2015.5
（金融蓝皮书）
ISBN 978 - 7 - 5097 - 7458 - 8

Ⅰ.①中…　Ⅱ.①王…　Ⅲ.①商业银行 - 市场竞争 - 研究
报告 - 中国 - 2014　Ⅳ.①F832.33

中国版本图书馆 CIP 数据核字（2015）第 086859 号

金融蓝皮书
中国商业银行竞争力报告（2014）

主　　编 / 王松奇
副 主 编 / 刘煜辉　欧明刚

出 版 人 / 谢寿光
项目统筹 / 周　丽　王楠楠
责任编辑 / 王楠楠

出　　版 / 社会科学文献出版社·经济与管理出版分社（010）59367226
　　　　　　地址：北京市北三环中路甲 29 号院华龙大厦　邮编：100029
　　　　　　网址：www.ssap.com.cn
发　　行 / 市场营销中心（010）59367081　59367090
　　　　　　读者服务中心（010）59367028
印　　装 / 北京季蜂印刷有限公司

规　　格 / 开　本：787mm × 1092mm　1/16
　　　　　　印　张：16.5　字　数：223 千字
版　　次 / 2015 年 5 月第 1 版　2015 年 5 月第 1 次印刷
书　　号 / ISBN 978 - 7 - 5097 - 7458 - 8
定　　价 / 69.00 元

皮书序列号 / B - 2006 - 039

《中国商业银行竞争力报告（2014）》
编 委 会

课 题 组 组 长　王松奇

课 题 组 副 组 长　刘煜辉　欧明刚

课 题 组 成 员　王松奇　刘煜辉　欧明刚　张云峰
　　　　　　　　高广春　刘明彦　王光宇　宋　飞
　　　　　　　　周　立　陶艳艳　范　嘉　徐　虔
　　　　　　　　张　坤　邓　鑫

课 题 支 持　北京费雪投资咨询中心

摘　要

2013 年，是中国经济的阵痛之年，传统增长动力衰减、人口红利减小、产能过剩突出、房地产市场面临调整、地方债务和影子银行风险积聚，使得中国经济到了不得不改革其经济增长方式、调整其经济结构的关键时刻。2013 年，又是中国银行业改革的关键年，从利率市场化的推进、对影子银行的治理，到对商业银行同业业务的监管力度加大，这一系列的改革，使得银行依赖传统的业务模式变得不可持续，银行必须进行转型，从存贷款为王的时代转到优化资产结构、推动银行精细化管理上来，这加大了商业银行的经营压力。2013 年同时也是互联网金融的元年，阿里巴巴、腾讯等互联网企业均凭借自己积累的资源和优势，以创新型的金融服务模式进入金融服务领域，加之一系列互联网金融业务模式（如 P2P 网络贷款、网络众筹等）都对银行业造成了很大的冲击，银行业已深刻感受到互联网企业的进入所带来的冲击。

尽管中国银行业的经营环境在 2013 年发生了深刻的变化，但是这在造成困难的同时也为商业银行带来了机遇。移动互联网、大数据、云计算等新兴技术的蓬勃发展，为银行创新业务模式、提升管理精细化水平等创造了有利条件。主动资产管理时代的开启，为银行加快构建跨市场、多领域、多界面的大资管平台提供了良好机遇；多家银行创新了自身的业务模式，结合自身优势进入了互联网金融领域；一些城市商业银行开始着手赴港上市，优化了资本结构，补充了资本。种种迹象让人们看到了中国银行业的希望与方向。

但是，经过多年的高速增长，中国银行业累积的风险越来越大，依靠规模高速扩张以及高风险、高收益的定价策略推动净利息收入增长的时代已经告一段落，商业银行势必要转变经营模式和发展方式。由于经济处于下行周期，银行的客户选择需要更加审慎，定价水平难以一直维持高位。受国家对乱收费现象整治和引导的影响，中收快速增长也有所回落，在这个过程中，结算业务占比相对较高的大行显示出更加稳健的特色。由于营业收入增长放缓，部分银行的拨备计提幅度下降。展望未来，一方面，互联网金融的冲击影响不会更加剧烈，但是由于企业经营状况短期难以改善，企业活期存款的定期化趋势可能会加剧，从而进一步影响存款成本的稳定；另一方面，银行风险偏好的保守化可能会造成贷款定价利率的小幅下降，存贷利差有小幅收紧的可能。随着 127 号文的推进以及目前关于会计穿透性原则的执行，类信贷业务的规模扩张可能会进一步放缓。

而随着实体经济面临挑战、金融改革快速推进、利率市场化进程不断加快、监管不断加强，商业银行的外部环境发生了深刻的变化，在经济运行的新常态下，银行业盈利增速普遍下滑，不良连续上升，并将持续一段时间，这也将是银行业的新常态。这些都将促使商业银行进行战略转型，向注重资本节约的精细化管理转变。

此次《银行家》研究中心研究并推出的《中国商业银行竞争力报告（2014）》，以整体行业为研究对象，以科学分析方法，在对以往评价模型不断改进的基础上，进行大量的实地调研，历经一年多时间完成，是为广大读者奉献的呕心之作。

本报告以中国的全部商业银行在 2013 年的表现为依据，包括财务方面以及核心竞争力方面的表现，利用商业银行竞争力分析框架，研究了中国银行业竞争力的基本格局，对全国性商业银行和城市商业银行的竞争力做出了评估，点评了不同商业银行的亮点、特点，提出了当前我国商业银行提升竞争力所需解决的问题。

财务分析方面，对全国性商业银行的盈利能力、资本实力、资产质量和流动性等指标的综合评价结果显示，中国工商银行、中国建设银行、招商银行、中国农业银行、中国民生银行位列前五名。2013年，全国性商业银行的竞争力整体表现较2012年有所提升，利差的扩大使利息收入增长很快，而风险管理体系的完善和风险管理措施与技术的使用，以及银行贷款规模的增长，使全国性银行的不良资产余额和不良率都进一步下降。

核心竞争力方面，对全国性商业银行发展战略、公司治理、风险管理、信息技术、产品与服务、人力资源以及市场影响力等方面的综合评价结果显示，中国工商银行、中国建设银行、招商银行、中国银行、中国民生银行位列前五名。报告指出，商业银行越来越重视发展战略，大多数银行根据自身的情况规划了发展战略，特别是有些银行开始追求差异化经营，个人银行业务、中间业务继续转型，综合经营、海外拓展进一步扩张和优化，成为商业银行的战略选择；随着越来越多的商业银行成功上市或准备上市，银行的公司治理结构进一步完善，董事更加尽责，信息披露更加及时与全面；银行越来越重视IT建设，数据大集中、核心业务系统正在建设，IT技术正引领银行的管理创新和业务创新；银行的风险管理体系正在建设，全面风险管理体系正在形成，风险管理技术正在提高；产品与服务的创新能力正在逐步提高，跨市场产品得以开发；银行越来越重视人的因素，员工的专业素质与研发能力得以加强，人才激励机制越来越完善，对员工的培训也得以普及。

从城市商业银行的财务性指标来看，不同规模的城市商业银行（以下简称城商行）呈现出不一样的情况。其中，盛京银行、广州银行、重庆银行、包商银行、徽商银行位列前五名。城商行继续保持较好的发展态势，但盈利能力下降、不良贷款及流动性风险上升、收入结构过于集中等因素的负面影响有不同程度的显现。城商行需要加大力度推进改革创新和转型发展，积极应对不良贷款以及利率市场化对盈利能力和风险状况的影响，提高风险治理能力，改进流动性风险管理，拓展资本金补充渠道，改革业务治理体系。

Abstract

In 2013, Chinese economy endured a lot of pains such as traditional growth power attenuation, the demographic dividend decreases, prominent overcapacity, adjustment of the real estate market, the local debt, the risk accumulation of shadow banking and so on. Therefore, Chinese economy had to reform the mode of economic growth, and did some adjustment of economic structure. In 2013, it is crucial for the reform of Chinese banking. From the promotion of market-oriented interest rate reform, the governance of shadow banking, to the increasing supervision of the commercial bank business, such series of reforms made the mode which banks relied on traditional business became unsustainable. So banks must make the transformation, so as to optimize the asset structure, and transformed the traditional deposit and loan profit model to the fine management mode of optimization of assets structure, and these increased the operating pressure of commercial banks. In 2013, it is also the first year of the Internet finance. Relying on the accumulated resources and advantages, Alibaba, Tencent and other Internet companies were all entering the field of the financial services with innovative financial services models, and a series of Internet financial business model such as P2P network lending, network crowd funding and so on, were all causing a great shock on the banking industry. The banking industry had suffered the tremendous impact of Internet enterprise.

Although the business environment of Chinese banking had undergone profound changes in 2013, the difficulty also brought opportunities for commercial banks. The vigorous development of the Mobile Internet, Big

Data and Cloud Computing were all creating favorable conditions for banking business model innovation, and help banks to upgrade their innovative business models. Active asset management provided a good opportunity for banks to speed up the construction of cross market, multi fields and multi-layered interface big capital management platform. In 2013, many banking business models had been innovated, and many banks had entered the Internet financial field with their own advantages. And some city commercial banks started listing in Hong Kong so as to optimize their capital structure and more capital was proceeding with the supplementary scheme. All the signs indicate the hope and direction of Chinese banking industry.

However, after years of high-speed growth, Chinese banking accumulated more and more risks. Rely on scale rapid expansion, net interest income growth promoting by the high risk and high profit pricing strategies had come to an end, and the commercial banks had to change their management and development modes inevitably. Because of the Chinese economy is in the down cycle, the choices of bank's customers need to be more cautious, so the pricing level cannot always maintain high. Under the regulation and guidance on arbitrary charge, the rapid growth of median income also fell. In this process, large banks which have larger rate of settlement business are showing more robust features relatively. Also because of slower growth in operating income, some banks' money aside level will decline. In the future, the impact of Internet finance would not become more intense. However, the short term management status of enterprises is difficult to improve, and more enterprises will choose fixed deposits to replace the demand deposits, which will further affect the stability of the deposit cost. On the other hand, conservative risk preference of banks may also make the loan pricing interest rate down slightly, and the interest spreads of deposit and loan in the second half of the year may have a slightly tighten. With the promotion of No. 127 article and the current executing on accounting penetrating principle, the expansion scale of similar credit business may further become slow.

With the situation of entity economy challenges, rapid promotion of financial reform, accelerating of interest rate liberalization, supervision strengthening, great changes have taken place in the external environment of commercial banks. Under the operation of the new normal economy, universal earning growth of banking industry are all decline, and the non-performing loan ratio continuous rise, which will continue for a period of time, this will also be the new normal of banking industry. All of these urge the meticulous management strategic transformation of commercial banks, and have to pay attention on capital saving.

The research center of Chinese Banker launches *Annual Report on the Competitiveness of China's Commercial Banks* (2014), which is setting the whole industry as the research object, with the scientific analysis methods. And the research is based on the continuous improvement of previous evaluation model, through one year of research and with a large number of empirical researches that we try to provide the most authoritative works for readers. The abstract of this report mainly includes the general evaluation of Chinese Banking industry and the financial evaluation of national commercial banks.

This report is based on the operating conditions of Chinese commercial banks in 2013, using the analytical framework of competitiveness, the writer analyses the basic competitiveness pattern of Chinese commercial banks, and makes the competitiveness evaluation on national commercial banks and city commercial banks, reviews the characteristics of different banks, and puts forward problems need to be solved in the process of competitiveness enhancement of Chinese banks.

Through comprehensive evaluation on profitability, capital strength, asset quality and liquidity index of the national commercial banks, the competitive abilities of Chinese national commercial banks are generally improved on the financial index performance aspect over the last year, in which The Industrial and Commercial Bank of China, China Construction

Bank, China Minsheng Banking Corp. Ltd, industrial bank and China Merchants Bank are ranked the top five. Interest rate spreads widened makes the interest income increase rapidly. This is profited from the perfect of risk management system and the using of technical measures of risk management. And with the growth of the size of bank loans, the absolute amount of non-performing assets and the non-performing assets rate of the national banks are all further declined.

The comprehensive evaluation on development strategy, corporate governance, risk management, product and service, process bank construction, information technology and human resources and other aspects of the national commercial banks shows that The Industrial and Commercial Bank of China, China Construction Bank, China Merchants Bank, Bank of China and China Minsheng Banking Corp. Ltd are listed the top five. The report points out that the banks are paying more and more attention to the development strategy planning, and most banks has introduced development planning according to their own development, especially some banks has started to pursuit the differentiation strategy. The personal banking business and the intermediate business continues transforming, at the same time, further expansion and optimization of integrated management, overseas expansion and national expansion has became as the strategic choice of commercial banks. With more and more banks going public listed or are listing on the road, the company governance structure of banking industry will be further improved. The board of directors becomes more conscientiously, and information disclosure becomes more timely and comprehensively. The social responsibility of banks has been strengthened, and many banks fulfill their social responsibilities more actively. More and more banks attach more importance to the IT construction, data centralization, and the core business system. IT is leading the management innovation and business innovation of banking industry. The Business Process Reengineering of commercial bank is in the ascendant, and the flattening reform and department system reform is advancing. Risk management system construction of commercial bank is in process, and the comprehensive risk management system is being formed, and risk management techniques are improving. The product and service innovative capability of Chinese commercial banks is also improved, and the cross market products have been developed. The electronic banking and online banking are been tremendously developed, and the channel construction is smoothly promoted, and the brand awareness is also strengthening. At the same time, Chinese commercial banks are paying more and more attention to the human resources construction. Banking personnel quality is improved, research and development capabilities are also enhanced, and the talent incentive mechanism is establishing and implementing, and also the staff training is strengthening.

Study from the aspect of financial index of city commercial banks, different scales of city commercial banks are showing different situations, in which Shengjing Bank, Guangzhou bank, Chongqing bank, Baoshang Bank, Huishang Bank are ranked the top five. City commercial banks continue to maintain a good development trend, however, the negative effects of profitability decline, non-performing loans, liquidity risk and concentration of income structure and other factors have different degree appeared. City commercial banks need to increase efforts to promote the innovative transformation and development, actively deal with the impact of bad loans and the interest rate liberalization on profitability and risk status, so as to improve their risk management capability, and improve the liquidity risk management level, and expand capital supplement channel, and reform their business management system.

目 录

B I　总报告

B.1　2013 年中国商业银行竞争力评价报告
　　　……………………………… 刘煜辉　徐　虔 / 001
一　背景 ………………………………………… / 001
二　全国性商业银行财务评价 ………………… / 008
三　全国性商业银行核心竞争力评价 ………… / 019
四　城市商业银行竞争力评价 ………………… / 029

B II　评价篇

B.2　2013 年全国性商业银行财务分析报告
　　　……………………………… 张云峰　邓　鑫 / 036

B.3　2013 年全国性商业银行核心竞争力评价报告
　　　………… 欧明刚　邓　鑫　王　微　欧志方　叶晓辉 / 069

B.4　2013 年中国城市商业银行竞争力评价报告
　　　……………………………… 张　坤　欧明刚 / 146

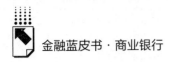

BⅢ 专家篇

B.5 银行业有力推进了上海国际金融中心建设 …… 郑　杨／204

B.6 融资成本趋势性下降 ……………………… 盛松成／207

B.7 新常态下商业银行应加强风险管理，
稳健经营 …………………………… 魏国雄／211

B.8 中国银行业的转型难题 ………………… 黄志凌／213

B.9 地方商业银行应积极进行混合所有制的改革 … 王乃祥／216

B.10 守住风险底线，创新转型发展 ………… 赵世刚／219

B.11 当前中国银行业的挑战是前所未有的 ……… 连　平／222

B.12 "存款外逃"是利率市场化下银行业的
新常态 ………………………… 鲁政委／224

B.13 直销银行是新常态下中国银行业的
转型方向 …………………… 魏德勇／228

B.14 中国商业银行 2013 年的整体表现 ………… 欧明刚／230

B.15 好银行的标准以及未来银行业的转型方向 … 刘煜辉／233

BⅣ 附　录

B.16 附录 1　2014 年中国商业银行竞争力评价结果 ……… ／237

B.17 附录 2　2014 年中国商业银行竞争力排名获奖名单 … ／244

皮书数据库阅读使用指南

总 报 告

General Report

B.1

2013年中国商业银行
竞争力评价报告

刘煜辉　徐虔*

一　背景

在我国以银行业为主导的金融体系下，银行的改革举足轻重。过去一年，从利率市场化的推进、对影子银行的治理，到127号文、140号文的出台，一系列改革对银行业未来影响深远，使得银行依赖传统的业务模式变得不可持续，银行必须进行转型，从存贷款为王的时代转向优化资产结构、精细化管理的主动资产管理时代，打造价值

* 刘煜辉，中国社会科学院金融研究所教授、博士生导师，中国社会科学院金融实验研究室主任；徐虔，天津财经大学博士。

领先的银行。

从宏观环境来说，传统增长动力衰减、人口红利减小、产能过剩突出、房地产市场面临调整、地方债务和影子银行风险积聚，也为银行转型增添了种种困难。然而随着工业化、城镇化、信息化和农业现代化步伐加快，社会融资总量将保持中高速增长，这为银行发展提供了很大的增量空间。移动互联网、大数据、云计算等新兴技术的蓬勃发展，为银行创新业务模式、提升精细化管理水平等创造了有利条件。主动资产管理时代的开启，为银行加快构建跨市场、多领域、多界面的大资管平台提供了良好机遇。

（一）利率市场化进程加速促进同业业务规范发展

利率市场化是完善金融市场体系的核心工作之一。十八届三中全会对中国未来全面深化改革进行了系统性和全局性的战略部署，金融市场体系完善成为全面深化改革的一个重大组成部分。利率市场化是国内金融要素市场改革最为核心的任务，是金融市场发挥资源配置决定性功能的基础，利率市场化已经进入了攻坚阶段。

利率市场化的根本动能来源于金融机构本身提高资本回报的需求，决定着商业银行经营模式的探索。市场对银行有一套成熟的评价体系，涵盖了盈利能力、风险状况、管理水平等各方面指标，但其中最重要的还是 ROE（净资产收益率/资本收益率），它全面反映了银行的综合经营管理能力，体现了股东的投资回报水平。因此，从这个意义上说，资本的价格就是银行的价值；能否给资本带来足够的回报，决定了银行是否有价值。银行价值方程式为：资本回报率＝息差×资产周转率×杠杆率。商业银行要想提高自身价值，需要从息差、资产周转率、杠杆率三个方面做文章。

1. 如何提高息差

第一，创新商业模式提升资产创造能力。想要提高息差，金融要

"往下沉"，去抓住那80%的金融需求没有得到满足的群体，银行议价能力只能从他们身上来。很多银行都在探索，但是成功的不多，原因不是这个方向有问题，而是资产能力有问题：银行没有掌握足够的风险定价能力，以前做信用是靠担保和抵押品，规模做大可能很快，但是从风险和收益角度讲却可能是赔本的买卖，在整个资产的生命周期中收益不能覆盖风险。相对而言，阿里巴巴（以下简称阿里）的定位越来越明确，它的商业模式日益清晰，它要替代的不是银行，而是传统信用链条中"担保"这个中看不中用的环节。钱可以都来自银行和市场，客户的信用由阿里的数据挖掘担保，阿里赚这个钱，并不是全面和银行竞争传统业务。一些银行甘愿站到互联网公司（渠道和信用信息）身后，为前者提供金融产品和服务。而另外一些银行则不甘屈居人后，希望自建平台，搭建商业生态系统，完成信息流与资金流的闭环。中国民生银行"吃透"整条产业链，实际上是做信用数据集成和挖掘。一言以蔽之，只有在数据上做文章，创新商业模式才能提高息差。数据能力准确地讲是一种资产创造能力。

第二，由被动负债信用文化向主动资产管理文化转型。目前的中国银行业存在着天然的信息缺陷，银行拥有丰富的结构性数据，如账户、支付清算等，但非结构数据缺失，如代表客户体验性需求的交易行为，这成就了一批互联网公司在中国金融领域的红火经营。在美国并不是这样的，美国的金融企业抓取此类信息和对其进行数据挖掘的能力强大，所以美国金融业并未将互联网作为一个颠覆性的外部力量来看待，相反，它们利用互联网，探索解决投融资过程中的信息不对称、契约不完备两大难题，这恰恰又是金融的本质。一定程度上说，是中国银行业的资产能力差，给了互联网公司这样一批外部组织以迅速成长的空间。未来在利率市场化的环境下，存款的概念会淡化，资金的概念会强化。价高者通吃，谁能持续提供风险可控的高收益，谁就能拿到匹配资产的资金。在这个逻辑下，谁有创造、获得和管理资产的能力，谁就能获得超额收益，这是资产推动负债的过程，是现代金融不可阻挡的趋势。所以中国银行面临文化转型，由被动负债信用文化向主动资产管理文化转型。

第三，错配模式面临终结。息差提高也可以通过错配（票据和非银）和短钱去支持长期资产。在前期竞争不充分时，错配模式是可行的。但随着错配的累积，特别是资产端越来越被体制的弊端所侵蚀，资产周转率下降，资金的成本就可能迅速上升，收益率曲线就会扁平化，这种模式就面临终结。

2. 资产周转率的提升

资产周转率提高是美国模式的精华。如果提供给银行以标准的资产证券化工具，建设资产证券化市场，则银行就可以在利率市场化浪潮下继续稳健赢利，美国的资产证券化市场就是经历三十年发展而成长起来的，中国的资产证券化为什么推进得慢？原因在于基础资产缺乏。在整个资产的生命周期中收益不能覆盖风险。同时，也缺少这样的体制和制度（法治）的准备。资产证券化面临障碍，从而激励银行在提升杠杆和降低风险资产占用上做文章。

首先，127 号文釜底抽薪。2014 年 5 月 16 日，央行、银监会、证监会、保监会及外管局五部门联合下发《关于规范金融机构同业业务的通知》（即 127 号文），进一步规范同业业务。同一天，银监会也下发《关于规范商业银行同业业务管理的通知》（即 140 号文），要求商业银行统一授信、管理同业业务，并于 2014 年 9 月底前实现全部同业业务的专营部门制。127 号文设置了同业业务期限和风险集中度要求，禁止了所有高资本消耗业务的监管套利，对买入返售和非标业务做出了明确限制，内容规定相对更细化，这将迫使银行收缩同业资产扩张速度，尤其是此前疯狂买入的返售类非标业务。127 号文与之前林林总总的监管最大的不同之处是：直接从负债端着手（釜底抽薪），同业负债不能超过总负债的1/3。而之前的监管多是针对资产端的（堵）。宏观条件变化后（投资、储蓄的关系变化，外汇占款萎缩），商业银行一般性存款越来越短缺，资产业务越来越依赖于同业＋理财的资金。这迫使银行模式的转型：要么资产速度下降，要么走向直融（投行化）。

其次，关上一道"门"，开启一扇"窗"。127号文和140号文的精髓在于约束表内，释放表外。通过风险资产解包还原本来面目（计提资本和拨备），资本金约束增强，如果将上市银行表内的3万亿元的同业类型非标债权资产（NSCA）全部以表内的风险权重为100%的科目重新吸收，那么资本充足率将因此降低30～50bp，未来银行资产扩张速度受限，因此同业类型的非标规模会逐步下降。同业业务新规的出台，将导致非标主要对接的房地产、基建及产能过剩行业被迫去杠杆。商业银行依靠资金期限错配的盈利方式将明显受抑制，但监管政策在关上一道"门"的同时，开了一扇"大窗"，即同业投资。

127号文定义，同业投资是指金融机构购买（或委托其他金融机构购买）同业金融资产（包括但不限于金融债、次级债等在银行间市场或证券交易所市场交易的同业金融资产）或特定目的载体（包括但不限于商业银行理财产品、信托投资计划、证券投资基金、证券公司资产管理计划、基金管理公司及子公司资产管理计划、保险业资产管理机构资产管理产品等）的投资行为。也就是说同业业务被监管部门承认并赋予了更为广泛的范围（同业投资的7个目标主体），银行将由原来被动寻找"监管套利"为企业融资转变为以资产管理方式进行主动投资来做业务。而除了直接投资股票、期货外，资管产品的优先、劣后级等，也都是可以做的。

从银行的资本回报率＝息差×资产周转率×杠杆率看，监管套利加杠杆的路径被封杀，有利于银行走向依靠风险定价能力和主动资产管理能力（理财＋证券化）来实现竞争力的方向。项目通过"通道"被设计成结构性的证券化产品，银行需要留下的项目收益进入表内同业投资项，其余各类产品对接银行理财计划出售。直接融资由此进入发展"快车道"，中国的金融结构将逐步发生深刻的改变，货币与信用开始分化，中国金融进入"货币少增，信用增"的状态，这实质上是银行作为信用和债务中介的作用开始减弱，商业银行业务投资银行化成为大势所趋，中国银行业主动资产管理的时代开启。

（二）主动资产管理时代开启，构建综合性金融服务平台

资产管理业务将成为中国银行业综合化经营的重要一极。综观一些大型的国际化金融集团的整体业务架构，资产管理业务是与传统商业银行业务、投资银行业务、私人银行业务等并重的业务板块，是金融集团综合经营的重要组成部分。在我国，银行将资产管理业务在综合化经营框架下着力发展还是具有重大战略意义的。主动资产管理统筹各类金融资源，包括银行、信托、证券、基金、财务公司、租赁、期货等，横跨多个交易市场，从而丰富了财富管理产品。这样做不仅有丰富的基础资产来源，同时也可以设计出更加优质的财富管理产品，否则，单纯依靠商业银行的经营范围，很难满足客户综合化金融服务的需求。数据显示，2013年末，整个行业的资产管理规模达到约33万亿元，接近同期本外币存款余额的1/3，是同期GDP的58%。从国际经验来看，美国和日本的资产管理规模分别达到了其GDP的2倍和3倍，可见，我国的资产管理业务还有巨大的发展空间。

我国的融资体系，是以商业银行为主导的间接融资体系。而在以金融市场为主导的直接融资体系中，资产管理行业连接投融资，具有核心地位。在主动资产管理时代，资产管理不再被动地接受金融市场的投资品种，它也能作为金融工具的创设方，把资产管理业务带来的资金与实体经济的活动相结合，使得资产管理行业所能获得资产的范围更宽、更广一些，资产管理行业更能赢利。

截至目前，17家上市银行中，有7家银行设立了证券公司和保

险公司，9家银行设立了基金公司，11家银行设立了金融租赁公司，3家设立了信托公司，3家设立了金融消费公司，1家设立了资产管理公司。"全牌照"是金融机构综合化经营的发展趋势（见表1），对于银行而言，目前非银行业务对利润的贡献度不是太高，不过随着混业经营的深化，协同效应将逐步体现。

表1 部分银行综合经营化情况

金融机构	银行	证券	期货	保险	基金	资产管理	租赁
交通银行	交通银行	交银国际证券	参与期货交易	中国交银保险	交银施罗德基金	交银国际资产管理、交通国际信托	交银金融租赁
光大集团	光大银行	光大证券	光大期货	光大永明人寿	光大保德信基金	光大金控股资产管理	光大金融租赁
中信集团	中信银行	中信证券	中信新际期货	信诚人寿	华夏基金	中信资产管理	中信富通融资租赁
平安集团	平安银行	平安证券	平安期货	平安保险	平安大华基金	平安信托、平安资产管理	平安国际融资租赁

资料来源：各金融机构网站。

以平安银行为例，平安银行依托平安集团发展综合金融具有很大的优势。如果把中国平安集团的8000多万个保险以及信托客户迁徙到银行中来，再把平安银行已有的2000多万个客户迁徙到保险等其他领域中去，这中间就有整合上亿客户的市场空间，其综合化经营具有广阔的发展空间。因此，平安银行可以对内整合集团旗下的陆金所、万里通、平安付、平安好车、平安好房等互联网金融新公司，推出20多个APP。针对零售客户，平安银行推出了互联网产品，即"口袋银行"。而过去那种在CBD搞大而全又很消耗资本的重资本网点的时代已经过去了。面向公司客户，平安银行推出的互联网金融服务平台是橙E网——线上的供应链金融服务平台，做的是熟人之间

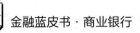

的生意。为供应链上的客户提供全面的、综合的线上金融服务，包括采购、融资、结算、理财和非金融方面的年审、年检、报关等。

对于中小银行和非银金融机构来说，在主动资产管理的时代，其迫切需要建立各种联盟，因为资产项目需要一个更宽广的汇聚平台、进行更充分的筛选、提高资金（备付金）的使用效率，还需要更多的牌照以提高资产周转率。而"抱团取暖"是降低风险、共同提高ROE的有效途径。

在主动资产管理时代，随着跨界融合的发展，金融产品创新将提升。通过重新组合各种金融原生品在权益、期限、收益率、交易方式和管理方式等方面的特征，进行金融产品创新。金融产品创新主要在三个方面展开：一是与信托、担保、租赁和保险等金融机制相连接的新产品；二是证券类衍生产品，如基金债证券、可转换公司债券、股权证和资产证券化证券等；三是存贷款衍生产品。金融创新将不断地满足实体企业以及城乡居民的金融投资需求，使这些资产逐步按照市场机制进行配置。

总之，商业银行应努力转型，从单一的资金中介，更多地向综合化金融服务提供者转变，从"重资产"经营向"轻资产"经营转变，从资产持有型向资产交易型转变，从过于依赖货币市场向货币市场与资本市场"两手抓"转变，从融资为主向融资与融智相结合转变。在利率市场化的浪潮中，银行决不能沉迷于以往的规模快速扩张中不能自拔，必须要未雨绸缪、提前规划，通过价值管理来实现内生增长，建立可持续的良性发展模式，从而赢得市场的认可。

二 全国性商业银行财务评价

对全国性商业银行的盈利能力、资本实力、资产质量和流动性等指标的综合评价结果显示，我国全国性商业银行的竞争能力从财务性指标的表现来看已经有了明显的改善。

2013 年，全球经济尚未摆脱 2008 年经济危机的影响，全球经济延续缓慢复苏态势，主要发达经济体出现复苏迹象，但基础未稳固，新兴经济体的经济增长态势减弱，经济金融风险上升。美联储在 2013 年 12 月份宣布正式开始削减 QE 规模，后续将逐步淡出资产购买政策，重心转移至低利率政策上。国内方面，首先，2013 年中国经济增速有所回落，但呈现稳中有进、稳中向好的发展态势，决策层发展理念有了转折性变化，不再推出大规模刺激计划，而是更加依靠市场自身的潜力实现经济增长，同时对金融部门的杠杆水平加强监管，避免以高杠杆、高风险换取高增长，金融市场总体保持稳健发展。其次，央行基本维持了偏松的货币投放力度，但资金供需矛盾仍然突出。中国经济连续三年调整，减少了企业的利润额和现金流，加之人民币国际化迅速推进，导致人民币资金需求日益增加，利率趋于上升，供需矛盾更加突出。利率市场化改革更进一步。

以全国性商业银行为代表的中国银行业在金融机构深化体制机制等一系列改革的影响下，资产增速稳中放缓，存贷款继续平稳增长，资本监管要求趋严，资本充足水平保持稳定，资产质量总体稳定，风险抵补能力充足，利润增速稳中趋缓，流动性总体稳定。各类银行业金融机构改革深入推进，公司治理体系持续完善，业务治理体系得到优化，风险管理能力全面提升，战略和发展模式转型加快，广覆盖、差异化、高效率的银行业机构体系逐步形成。

大型银行不断完善公司治理，强化董事、监事履职能力建设，完善绩效考评机制，改进绩效考评办法。推进集团并表全面风险管理，逐步建立表内外、境内外、本外币、母子公司等多维度全覆盖的风险管控机制，强化跨境跨业风险传染管控和隔离机制。提高资本管理高级方法实施质量，完善资本规划，开展内部评估和资本工具创新。结合自身客户类型、产品类型等实际情况，动态评估战略选择和经验教训,积极稳妥地推进综合经营和国际化战略。全球系统重要性银行危机管理机制的建设及恢复处置计划的制订工作持续推进。

股份制商业银行和中小商业银行突出差异化、特色化发展战略,充分结合自身条件和优势,推进管理流程和产品服务创新,强化特色服务和品牌建设,整体保持稳健发展的良好态势。着力提升对小微企业和城乡居民的金融服务水平,不断下沉业务重心,深耕基层市场,规范发展社区支行、小微支行,完善专营机构管理体制。同时,持续优化公司治理和绩效考核,规范股东行为和履职评价,强化资本管理和重点领域风险防控,筑牢可持续发展基础。

(一)市场占有率有所下降

截至2013年底,全国性商业银行的资产规模合计占银行业总资产的61.14%,负债占比为61.27%,分别较2012年下降了1.40和1.39个百分点;税后利润合计占银行业税后总利润的64.94%,较2012年下降了1.7个百分点;从业人员占比为58.72%,较2012年下降了0.22个百分点。总体而言,5家大型银行[①]的市场占有率呈持续下降趋势,而股份制银行[②]的市场占有率呈逐渐上升的趋势。2013年,大型银行的总资产、总负债以及税后利润的市场份额较2012年分别下降了1.56个、1.57个和1.87个百分点;与2005年比,分别累计下降了12.72个、12.66个和13.57个百分点。股份制银行的总资产、总负债以及税后利润与2012年比,分别增加了0.20个、0.77个和0.17个百分点;与2005年比,分别累计增加了5.88个、5.58个和5.47个百分点。

[①] 本书所说大型银行包括5家:中国银行、中国工商银行、中国建设银行、中国农业银行、交通银行(以下分别简称中行、工行、建行、农行、交行)。

[②] 本书所说股份制银行包括12家:招商银行、上海浦东发展银行、中信银行、华夏银行、中国光大银行、兴业银行、广发银行、中国民生银行、平安银行(原深圳发展银行)、浙商银行、渤海银行、恒丰银行(以下分别简称招商、浦发、中信、华夏、光大、兴业、广发、民生、平安、浙商、渤海、恒丰)。

（二）资本得到充实

2013 年，我国银行体系尽管准备金率维持不变，但流动性依然整体偏紧。大型金融机构存款准备金率依然保持在 20.5% 的相对高位，信贷投放和吸收存款压力仍然较高。

自 2013 年 1 月 1 日起，商业银行资本管理新规——《商业银行资本管理办法（试行）》（以下简称新办法）正式实施，新办法根据国际统一规则，对我国商业银行的资本管理提出了更加严格的要求。根据新办法，商业银行从 2013 年 1 月 1 日起发行的次级债必须满足"含有减记或转股的条款"等 11 项标准，否则将被视为不合格的资本补充工具，不能被计入监管资本，从而难以发挥提高资本充足率的作用；从 2013 年 1 月 1 日起必须按年递减 10%，直到 2021 年底前彻底退出。相对于老办法，新办法的资本充足率要求更高，资本定义更为严格，风险资产覆盖面更加广泛。此外，中国人民银行继续施行差别准备金动态调整机制，将商业银行的人民币贷款限额与资本充足率挂钩，资本充足率下降直接减少贷款限额。

截至 2013 年底，我国银行业整体的加权平均核心一级资本充足率和加权平均一级资本充足率均为 9.95%，较 2012 年同期上升了 0.14 个百分点，加权平均资本充足率为 12.19%，较 2012 年同期下降了 0.29 个百分点。按照过渡期（2013 年）资本充足率的最低要求——8.5%，全部商业银行中仅有一家农村商业银行 2013 年的资本充足率未达标。

我国商业银行杠杆率按照全球标准来看处于安全区间。2013 年，除交通银行外，其他 4 家大型银行按照《商业银行杠杆率管理办法》披露杠杆率，整体较 2012 年有所提高，4 家银行的杠杆率平均水平为 5.67%，比 2012 年提高了 0.56 个百分点，高于银监会规定的 4% 的最低监管要求，其中，最高的为建行（6.01%），最低的为农行（5.21%）。

（三）资产质量出现下滑，需关注宏观经济逆转的影响

2013年，我国商业银行资产质量呈现持续下滑迹象。

1. 不良贷款率和不良贷款绝对额均出现了一定的反弹

受经济下行影响，钢贸、光伏、造船等产能过剩行业以及抗风险能力差的中小微企业成为不良贷款的"重灾区"。截至2013年底，我国商业银行不良贷款余额（按贷款五级分类的）为5921亿元，较2012年同期增加了993亿元；不良贷款率为1.00%，同比上升了0.05个百分点。其中，全国性商业银行的不良贷款余额和不良贷款率分别较2003年减少了1.65万亿元和下降了16.87个百分点，但与2009年相比，不良贷款余额却上升了206亿元，不过不良贷款率仍下降了0.57个百分点。总体来看，商业银行资产结构与资产质量的改善趋缓，风险抵补能力面临更大压力。

在经济增速放缓以及货币政策偏紧的背景下，全国性商业银行的关注类贷款均出现不同程度的上升。2013年，17家全国性商业银行中关注类贷款余额整体减少了388.86亿元，但其中有13家出现反弹。这13家银行包括所有的股份制银行以及大型银行中的建行。其中，平安银行2013年底的关注类贷款余额为180.27亿元，同比增加了108.5亿元，是余额增长最多的银行。

自2011年开始，银行业平均逾期率与平均不良率开始出现分化的趋势，逾期率开始显著高于不良率水平。截至2013年底，两者之间的差距继续扩大，进一步呈现出背离的趋势。不良率的上升速度明显慢于逾期率。由于两者之间的时间差以及多重因素的叠加，预计银行业不良信贷暴露或将持续。

2. 在贷款质量下降的同时，拨备覆盖率和贷款拨备率也有所下滑，风险抵补能力十年来首降，但仍达标

2013年，全国性商业银行总的贷款拨备率为2.67%，较2012年

下降了 0.03 个百分点，但还是达到了 2.5% 的监管标准。具体来看，大型银行的贷款拨备率比股份制银行稍高的优势正在缩小。5 家大型银行中，交行、工行和建行同比均有所下降，中行持平，而农行依旧最高，且是唯一同比上升的大型银行，为 4.46%，在全国性商业银行中排名第一。其中，交行和工行贷款拨备率最低，分别为 2.24% 和 2.43%，仍低于 2.5%，未完成系统重要性银行于 2013 年底前达标的任务。12 家股份制银行的贷款拨备率为 1.5%~2.7%，仅有华夏和兴业两家在 2.5% 以上，分别为 2.73% 和 2.68%。广发、平安、恒丰和浙商仍低于 2%，其中广发以 1.56% 排名最低。总体来看，同 2012 年比，6 家银行上升，6 家银行下降。其中，兴业和渤海上升较明显，分别提高了 0.68 个和 0.36 个百分点；广发和光大的下降幅度较大，分别为 0.96 个和 0.46 个百分点。全国性商业银行风险抵补能力整体比 2012 年有所下降，根据监管新规，仍将面临新的考验。

最近十年来，全国性商业银行的风险抵补能力不断提高，拨备覆盖率从 2002 年底的 6.7% 持续提高，到 2012 年底达到 303.09%，但 2013 年回落了 15 个百分点至 288.07%。2013 年，大型银行风险抵补能力没有持续上一年高涨的态势，拨备覆盖率达到 294.81%，同比下降了约 4 个百分点；股份制银行拨备覆盖率为 266.45%，同比下降了 53 个百分点，延续上一年的下降趋势。

3. 贷款集中度两项指标均达标

2013 年底所有的全国性商业银行的贷款集中度两项指标均符合监管要求。

在单一最大客户贷款比例方面，2013 年大部分全国性商业银行较 2012 年有所下降，具体来说，11 家银行的指标下降，6 家上升。其中，大型银行中，交行、中行最低，分别为 1.55% 和 2.10%；最高的建行为 4.51%，2013 年增幅高达 0.65%。股份制银行中，浦发

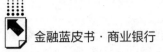

最低，为1.92%，浙商最高，达到7.44%。

在前十大客户贷款比例方面，2013年有1家大型银行和4家股份制银行同比有所上升，其余全国性商业银行均有所下降。这主要是受规模因素的影响，大型银行前十大客户的贷款比例均在16.5%以下，整体上低于股份制银行。其中，农行是大型银行中最低的，为13.22%。

（四）盈利能力继续上升，利润增速出现回落

2013年，全国性商业银行实现税后利润11327.7亿元，同比增长12.47%。其中，净利息收入占营业收入的76.67%，手续费及佣金净收入占营业收入的19.40%，利差收入仍是全国性商业银行最主要的利润来源。

从净利润增长率看，大型银行除中行略有上涨（0.15个百分点）外，其余4家均出现增速下滑。其中，农行净利润增长率最高，为14.52%，交行最低，为6.73%，其余3家大型银行的净利润增长率为10%~12.5%。股份制银行中，渤海以36.63%排名第一，中信、浙商和华夏也都超过了20%，分别以26.55%、21.73%和21.01%的净利润增长率紧随其后。而广发只有个位数的增长（3.24%），是股份制银行中增幅最低者。其余股份制银行的净利润增长率基本保持在10%~20%。

整体而言，2013年全国性商业银行的盈利能力持续增强，但增长速度延续下降的趋势，除中行和中信以外，其余银行都出现比较明显的下降。其中，交行是大型银行中下降幅度最大的，降幅为8.32个百分点，渤海、民生和恒丰是股份制银行中降幅较大的，分别下降了50.49个、21.56个和21.37个百分点。此外，各行净利润增长率的差异有所缩小，这与宏观经济形势下滑和利率市场化等环境因素有关。

从净资产收益率和总资产收益率来看，截至2013年底，全国性商业银行的净资产收益率均显著高于11%的达标线。其中，平安银行最低，仅为13.59%。恒丰、民生和兴业排在前3位，分别达到了23.70%、23.23%和22.39%。同2012年相比，共有6家银行的净资产收益率上升，11家下降。其中，渤海和中信分别提高了2.31个和1.78个百分点，增幅较大。兴业和交行则分别下降了4.26个和2.94个百分点，降幅较大。

17家全国性商业银行的总资产收益率全都明显高于0.6%的及格线。大型银行相对较高，建行和工行的总资产收益率分别达到了1.47%和1.44%，基本达到国际领先水平，排在全国性商业银行前两名；股份制银行的总资产收益率大多处在0.8%~1.4%的区间，招商（1.39%）和民生（1.34%）相对较高，而平安（0.81）、渤海（0.85）和广发（0.85）虽然达标，但绝对值仍是全国性商业银行中较低的。同上年相比，全国性商业银行中2013年的总资产收益率上升的仅有6家，其余11家均有不同程度的下降。华夏和中信增幅较大，分别达到0.11个和0.10个百分点；而农行和恒丰的下降幅度最大，分别为0.30个和0.20个百分点。

从利息收入水平来看，存贷款息差收入仍是商业银行最主要的盈利来源。由于利差收入以及生息资产规模的扩大，2013年全国性商业银行的净利息收入水平有较大幅度的增加。整体上看，2013年净利息收入的增长主要源于存量规模的稳步扩大，然而息差水平的收窄则直接拖累了净利息收入的增速。2013年，大多数全国性商业银行的利息收入比在75%以上。其中，中国银行因其传统国际业务的优势，实现了外汇衍生交易产品的利差收益和贵金属业务等非利息收入的大幅增长，其利息收入比仅为69.59%，是全国性商业银行中最低的。其他银行中，民生和招商的利息收入比均低于75%，分别为71.65%和74.59%，主要原因是年内中间业务的迅猛发展使其手续费及佣金收入大幅增长。而华夏和浦发的利息收入比在85%以上，是全国性商业银行中最高的。

从净息差（NIM）和净利差（NIS）来看，净息差延续了2012年明显下滑的趋势，尤其是股份制商业银行，有的下滑了40个基点以上（如民生和广发）。全国性商业银行的净息差集中在2%～2.8%，其中招商（2.82%）最高，农行（2.79%）和华夏（2.67%）次之，广发和光大相对较低，分别为2.01%和2.16%。同2012年相比，仅中行和渤海两家银行的净息差有所提升，增幅分别为0.09个和0.03个百分点。

从中间业务收入水平来看，近年来全国性商业银行中间业务持续大幅增长，其主要原因是市场环境、监管要求和客户需求的各方面发生变化、银行加大拓展金融资产服务业务、银行理财产品快速增长等。2013年，面对利率市场化带来的存贷款利差收窄和利差收入增速放缓的严峻挑战，各家银行继续推进收入结构的调整。在传统信贷业务贡献度下滑的同时，金融市场业务、中间业务等非信贷业务提速发展。可以说，商业银行正在一定程度上呈现投行化趋势，主要体现在两个方面：资产规模增速放缓，投资类资产置换同业资产，类信贷业务蓬勃发展；以投行业务、咨询业务为主的新型银行中间业务的增长是商业银行净利润增长的一个非常重要的助推器。本报告选用中间业务净收入和中间业务净收入占营业收入的比例两个指标来评析全国性商业银行的中间业务情况。

2013年，17家全国性商业银行的成本收入比全部控制在45%的监管红线之内。大型银行中，工行成本收入比最低，为28.03%，农行为35.89%，相对最高；股份制银行中，广发、平安和华夏较高，分别为41.92%、40.77%和38.93%，恒丰、浦发和兴业相对较低，分别为24.35%、25.83%和26.71%。总体来说，股份制银行的成本控制能力比大型银行更为突出。

同 2012 年相比，有 11 家全国性商业银行的成本收入比有不同程度的下降。其中，渤海和浦发降幅较大，分别下降了 3.84 个和 2.88 个百分点。其余 6 家银行相比 2012 年有所上升，其中光大和平安增幅较大，分别为 1.36 个和 1.07 个百分点。

（五）流动性仍然在监管要求内，但中小银行的流动性压力增大

2013 年银行体系流动性管理面临的形势较为复杂。这与主要经济体的政策预期变化、资本流动方向多变的环境有关，另外，随着金融发展和创新的加快，银行体系的流动性水平在引导货币信贷和社会融资总量合理增长方面的作用更为显著。2013 年初，受主要发达经济体加大量化宽松政策（QE）的影响，外汇流入大幅度增加，我国银行体系的流动性较为宽裕，货币信贷扩张的压力较大。

2013 年 6 月，银行间市场出现了阶段性的流动性紧张、市场利率快速上升的现象，引起国内外的广泛关注，同时也暴露了我国商业银行在流动性风险管理中所存在的问题，流动性风险管理尚不能适应业务模式和风险状况的变化。8~9 月以后，在美联储延迟退出 QE 及中国推进改革释放增长潜力效果逐步显现的共同影响下，外汇流入再次大幅增长。与此同时，财政收支变化及库款波动等也加大了流动性管理的复杂性。

银监会在 2013 年通过的《商业银行流动性风险管理办法（试行）》（自 2014 年 3 月 1 日起施行，以下简称《办法》）中对商业银行在流动性风险管理中存在的问题进行了深入研究，并予以充分关注，针对性地提出了风险管控和监管要求。《办法》对银行流动性监管提出了 4 个主要指标，除传统的存贷比和流动性比例外，新增了流动性覆盖率以及净稳定融资比例两个指标。《办法》对银行组织架构、管理水平和信息系统等均提出了较高要求，对于规模较小、复杂

程度较低的商业银行而言，合规成本较高。

从存贷比来看，2013 年全国性商业银行期末时点存贷比全部达标。大型银行的优势正在缩小，仅农行的存贷比较低，为 61.17%，排在全国性商业银行的第二位；另外，工行也比较低，为 66.60%；而交行达到了 73.40%，成为大型银行中比例最高者。股份制银行的存贷比大多在 70% 左右，渤海和恒丰银行的存贷比分别为 54.64% 和 55.99%，在全国性商业银行中较低；招商的贷存比为 74.44%，在全国性商业银行中最高，逼近监管红线。同 2012 年相比，全国性商业银行的存贷比变化趋势出现分化，5 家银行的存贷比下降，12 家银行的存贷比上升。其中，渤海和兴业分别下降了 9.60 个和 4.55 个百分点，降幅较大；建行、招商和工行分别提高了 4.05 个、3.07 个和 2.50 个百分点，相对升幅较大。5 家大型银行的存贷比均出现连续两年的上升，而股份制银行中升幅较大的银行也比较多，表明 2013 年全国性商业银行倾向于更多地增加资产业务。

截至 2013 年底，我国银行业金融机构平均流动性比例为 46.0%，同比略微下降 1.76 个百分点。

存款负债比是商业银行各项存款在全部负债中所占的比例。就存款负债比指标看，大型银行普遍高于股份制银行。2013 年，5 家大型银行的存款负债比都在 75% 以上。全国性商业银行中，建行和农行的这一比例较高，分别为 86.52% 和 85.52%，恒丰和渤海较低，分别为 50.05% 和 55.83%。股份制银行中，表现最突出的是光大（77.75%）、中信（75.06%）和广发（74.23%）。大型银行的规模效应以及股份制银行的特色经营使其在吸收存款上所具有的优势，在这一指标上得到了较为明显的反映。同 2012 年相比，全国性商业银行存款负债比的变化趋势出现明显分化，9 家银行出现下降，8 家银行出现上升。大型银行中，除中行外，其余 4 家银行都延续了上一年的下降趋势，但降幅都没有超过 2 个百分点。其中，建行降幅最大，为1.56%。股份制银行的整体波动幅度大于大型银行，显示其存款在总负债中的占比年际波动较大，其中降幅较大的是招商和中信，分别下降了4.95%和4.05%，升幅较大的是渤海和民生，分别上升了8.65%和7.75%。

三　全国性商业银行核心竞争力评价

对于核心竞争力，我们仍然关注发展战略、公司治理、风险管理、信息技术、人力资源产品与服务以及市场影响力等要素。总体来看，全国性商业银行在这些方面都有较大的进步。

（一）发展战略：侧重点存在差异

发展战略为企业指明发展方向，帮助企业合理确定业务结构，取长补短，实现可持续增长。2013年，国内外经济金融形势依然复杂多变。中国经济发展总体呈现稳中向好的态势，但经济增速放缓和结构调整加快，市场化改革快速推进，金融领域的同业竞争、跨界竞争日趋激烈，金融改革深化与监管政策趋严叠加。各银行针对当下经济运行环境的要求不断调整战略规划方向，力求在不确定的金融环境下实现战略增长。

全国性商业银行基本上都制定了期限不等的发展战略，或者经营战略、发展计划。有的以3年为期，如中国工商银行、中国农业银行、华夏银行等；也有的以5年为期，如浦发银行、民生银行和广发银行等。

从2013年各家银行披露的年报来看，银行战略定位的清晰程度和侧重点不一。居于行业领先地位的大型国有银行和股份制银行的战略定位较中小银行来讲略为模糊，主要突出国际化和综合化两个重点，强调资本管理和中间业务的重要地位，致力于扩展业务规模，巩

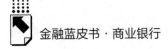

固自身优势地位。而中小银行的定位一般针对性更强、区分度更高，往往会深耕某几项优势业务。

（二）公司治理：框架基本完备

经济合作与发展组织（OECD）在《公司治理结构原则》中对公司治理结构给出了明确定义："公司治理结构是一种据以对工商公司进行管理和控制的体系。"公司治理是保证现代商业银行可持续发展的基本保证，公司治理事关对投资者及其他利益相关者的利益保护，目前国内监管部门和学术机构已达成不少共识。监管部门非常重视商业银行的公司治理，陆续出台了不少商业银行公司治理的指导性文件。同时，上市银行要遵守相应的上市公司的治理要求。

对银行公司治理的评价，主要从4个方面进行：①公司治理架构的完善程度，包括是否根据监管要求建立了完善的公司治理制度；②公司治理是否按这套制度来执行；③信息披露是否及时、全面和准确；④公司履行社会责任情况。总体来说，银行的公司治理情况正在好转。

从公司治理结构来看，全国性商业银行基本符合要求。然而，还有一些银行或多或少地没有达到相应的规范要求。从独立董事的比例来看，在报告期间，符合独董人数占董事会成员人数的比例超过1/3这一规定的有工行、建行、中行、招商、中信、浦发、华夏、平安、广发，恰好满足1/3要求的有农行、交行、民生、兴业和光大，而浙商、渤海和恒丰的独立董事的比例都没达到1/3。独立董事比例最高的是建行，达到41.18%。全国性商业银行中的13家上市银行现均已满足独立董事比例的要求。而农行未能满足不少于2名外部监事的要求。

从董事履职情况来看，董事，包括独立董事大多数都能够参加表决，但境外董事和独立董事较多的银行，董事亲自出席率会受到相应的影响。董事在董事会开会过程中是否充分地表达了意见是董事履职的重要体现。从 2013 年公布的董事会决议来看，绝大多数银行都是应出席会议董事、应投票董事全票通过。然而，所有的议案都一致通过并不是一件太正常的事情。其实，存在一定的反对票和弃权票应当是公司民主和公司治理的良好体现。

随着经济、社会的快速发展，努力关注更广泛的利益相关者的利益、承担更多的社会责任，日益成为中国企业共同的选择。就银行业而言，上市银行也都在追求业绩增长、实现快速发展的同时，相继把社会责任提升到了一个前所未有的高度，强调在履行经济责任之外，还要承担社会责任，致力于公益事业，"责任银行，和谐发展"正日益成为中国银行业的愿景。2014 年，各家银行顺应国内经济逐步转入新常态运行的实际需要，实施合理均衡增长的信贷政策，促进经济增长方式转变，积极支持战略性新兴产业发展，继续加大对中国最具活力的中小微型企业的支持力度；各家银行积极响应国家宏观政策，推行绿色信贷、发展网上银行和电话银行服务，支持节能环保项目，开发环保新产品，持续开展绿色金融服务，坚持推进自身和社会的低耗、高效、可持续发展；各银行依旧热心公益事业，全面支持教育、文化等社会事业发展，努力回报社会。在各家银行税后利润规模高速增长的同时，各银行也从不断扩大的利润中拿出更多的部分用于公益事业。

（三）风险管理：风控体系基本完善

2013 年，国内外经济环境复杂多变，银行经营风险上升，需持续完善全面风险管理架构，积极应对及防范各类风险。

2014 年中值得关注的是，银监会根据《商业银行资本管理办法（试行）》（以下简称《资本办法》），核准了中国工商银行、中国建设银行、中国农业银行、中国银行、交通银行、招商银行 6 家全国性股份制银行实施资本管理高级方法。《资本办法》是中国版的巴塞尔协议，是对巴塞尔资本协议Ⅱ和巴塞尔资本协议Ⅲ的有效整合。

从 2013 年各家银行风险控制水平来看，在逾期贷款率方面，各家银行表现并不一致，其中，平安银行（3.19%）、广发银行（2.61）、光大银行（1.85%）、中信银行（1.83%）、民生银行（1.74%）5 家银行的逾期贷款率较高。在不良贷款率方面，2013 年各家商业银行的风控压力有所增加，但总体处于可控水平。全国性股份制商业银行中，除中国农业银行（1.22%）和交通银行（1.05%）外，其他 15 家银行的不良贷款率均控制在 1% 的范围内。在拨备覆盖率方面，中小型股份制商业银行的拨备覆盖率较高，而四大国有银行中除中国农业银行（367.04%）外，其他 3 家均低于 300%。

（四）信息技术：已成为当今商业银行竞争的核心力量

在金融全球化趋势不断扩展和深化的今天，中国银行业面临的内部和外部竞争也更加激烈。作为商业银行核心竞争力的重要支撑力量，信息技术对银行各方面建设的影响日益凸显。第一，各家银行新系统与平台的开发与应用离不开信息技术；第二，信息技术水平的高低直接影响银行产品与服务创新的能力；第三，信息技术的应用可以使银行风险管理方法更加科学化。

信息技术部门是银行维持竞争力的绝对核心部门之一，2013 年各家银行在这方面的投入都非常可观。在大数据平台的基础上，通过对信息技术的应用与在研发方面的大量投入，银行在业务创新与推广、渠道开拓与维护、决策分析与风险控制等方面取得了实质性的进步。这在中国人民银行公布的 2013 年度银行科技发展奖获奖结果上有所反映。2013 年各商业银行获奖格局与其资源拥有及投入量呈正比，大型商业银行在获奖数量方面占据绝对比重。大型银行依托其规模、资源优势，在信息技术的研发与应用方面始终走在前列。2013

年，中国工商银行在国内金融同业中率先成功实施了主机系统的切换测试，切换时间控制在分钟级，提高了业务连续性水平；坚持自主研发原则，持续推进应用创新，在客户服务、国际化信息系统建设、经营管理等领域推出了多个基础服务平台和产品。

中国建设银行新增证券业务系统、"悦生活"服务平台，优化"善融商务""学生惠"产品，推进利率市场化系统改造和人民银行公共服务平台（MTPS）移动支付平台接入，推出业界首个具备公交、地铁、出租车等全面应用的 IC 卡移动支付产品"蓉城卡"，持续释放了一批满足市场竞争、风险控制、监管要求的业务功能，有力地支撑了全行业务发展。

中国农业银行落实"科技先行"战略，加大 IT 产品研发和创新力度，加强信息系统生产运行管理，持续提升 IT 治理水平，为全行业务发展提供了有力的技术支撑。农行结合业务特色，将 IC 卡发卡与民生、社保、企业服务等行业相结合，推进了农行 IC 卡的行业应用。

中国银行在信息科技蓝图项目成功实现境内投产的基础上，稳步推进海外信息系统整合转型项目，并于 2013 年在亚太地区全面投产，实现亚太 12 家分行应用系统版本统一、集中部署和运营管理一体化，进一步提升了全球一体化信息科技服务能力。

交通银行积极构建制度、流程、操作 3 个层面的 IT 标准规范体系，在软件开发、生产运维和信息安全方面分别通过 CMMIL3、ISO20000 和 ISO27001 国际认证，成为银行业中第一家同时通过 3 项认证的商业银行。

在 2013 年的互联网和大数据时代下，银行的经营管理模式面临根本性的改革，银行要想将信息化建设纳入整体规划和研究，需要有足够的前瞻性，以新思维模式全面推进业务创新。

互联网金融模式背景下，贷款、股票、债券等金融工具的发行、交易以及券款支付等可以直接在网上进行，市场信息对称程度较高，交易双方在资金期限匹配、风险分担方面的成本非常低，这个市场接近一般均衡理论所描述的无金融中介状态。在这种模式下，信息处理成本较低，资源配置效率较高，在促进经济增长的同时，大幅减少了交易成本。

此外，全国性商业银行还积极开展科技创新，在O2O、P2P等领域大展拳脚，并充分利用互联网金融的发展。其中，中国工商银行着眼于互联网金融和大数据时代下银行经营管理模式的根本变革，前瞻性地进行了信息化银行建设的整体规划和研究，适应消费金融和移动互联的特点，创新推出了集网上购物、网络融资、消费信贷于一体的电商平台——"逸贷"，该平台基于居民直接消费的小额消费信贷、基于真实贸易的中小商户贷款等重点创新产品，较好地适应和引导了市场需求。中信银行在网络支付方面，推出"异度支付"，开发了二维码支付、NFC手机近场支付和跨行全网收单等子产品，率先与三大电信运营商、中国银联开展NFC手机支付全产品合作，首家推出跨行全网收单业务，同时推出了跨界产品——"异度支付"手机客户端。平安银行综合金融和互联网金融，推动新模式、新渠道等的运用，与陆金所、平安大华基金等机构合作推出了多款产品，成立并运行了"平安交易员"微信平台，借力移动互联网提升市场影响力和客户渗透率。

（五）人力资源：人员素质大幅提升，银行对人才的争夺越发激烈

人才是企业未来竞争的实力保证和活力来源，在企业的经营发展中起着至关重要的作用。人力资源管理可以帮助企业提高人员使用效率，降低相关成本，确保银行具备持续发展的动力。近年来，我国银行业的发展与进步得益于重视人才培养。目前，各家银行都不同程度地加大了对员工培训的投入力度，充分意识到培训在其人才建设和企

业改革中所发挥的巨大作用，无论是在员工培训的次数、力度、投入费用上，还是在培训覆盖的范围上都有长足发展，形成了完整的培训思路和体系。2013年，各家银行在实施人力资源战略时更加关注人员的结构构成和未来支持其业务发展的专业技能和发展潜力，并通过开展培训课程、实施激励措施有意识地培养和激励人才。

科学合理的激励机制是激发员工热情和潜质的有效手段。首先，要给员工提供多种发展通道，在专业和管理条线中设置员工职业发展路径，为员工理清发展思路；其次，明确公司内部岗位说明书和胜任力模型，完善薪酬评估机制，为员工配备与其岗位和绩效相符的薪酬；最后，设置以企业战略目标为导向的绩效考核体系，合理衡量员工能力和工作量，将员工的绩效目标与企业的绩效目标紧密结合。

传统企业理论关注人才数量和人才结构，忽略人才质量，尤其是研究能力。但是随着银行竞争的加剧，新产品和新服务日益成为银行竞争的武器，各家银行将研究能力提到了人才战略高度。国际一流大银行都将高素质人才配置在银行的研究或调查部门，如果银行对宏观经济、产业发展、企业竞争力的研究比较多，就可以减少因经济周期性变化或者产业调整而面临的风险，从而确保银行经营的平稳性和贷款的安全性。在我国，银行业的研究实力普遍比证券业低，主要是投入的人才和资金相对其他部门较少。

整体来讲，近年来各家银行的研究能力有了不同程度的提高，其中，大型银行对研究能力更加看重，投入经费也较多，取得的成果也较多。特别是交行、工行和中行，在市场上有较大的影响力。而股份制银行虽然也增加了一定投入，但是相对而言，其对研究工作重视不够或因条件有限而无法大规模投入。

（六）产品与服务：产品创新增加，线上渠道建设加强

银行的业务具有高度同质化的特征，而只有差异化的产品和服务

才能给银行带来比较竞争优势。因此，在产品开发上能够突出特色和坚持创新的银行无疑将在同业中具有更强的竞争力。在目前的市场条件下，银行业务在各个领域都有激烈的竞争，因此同质化的趋势非常明显。在此条件下，银行产品与服务的创新对于银行运营乃至业务突破都有至关重要的影响；同时，银行产品与服务的推行效率和市场反应是银行赢利的重要保证。

中国建设银行大力推动管理创新、产品创新、流程创新、技术创新、商业模式创新以及体制机制改革创新。中国农业银行本行持续加强个人网上银行产品创新，加快线上线下业务协同发展，完善业务功能和流程，不断提升客户体验。中国银行加快投行产品创新，推出"走出去"企业信息咨询顾问产品，研发推广代理融资类资产管理计划；与上海证券交易所、深圳证券交易所合作，创新理财业务投资新模式，进一步丰富了投资银行市场化融资产品。交通银行发挥总部在沪的地缘优势，全面对接上海自贸区建设，以境内外联动为依托，与电子、汽车、石油等行业国际龙头企业进行深度合作，多方满足客户财富保值增值需求，且成为业内规模最大的人民币 FFA（远期运费协议）代理清算银行和唯一能为航运行业提供产业链电子化支付结算服务的银行。民生银行通过产品创新与批量开发商业模式推广，实现贸易金融、交易金融、基础支付结算业务收入的快速增长；力推"金融管家"综合金融服务模式，加速推进投行业务模式开发和创新，全面提升中间业务服务的专业化水平和价值创造能力；在零售业务方面，强化小区金融，推出"智家系列"小区金融产品。光大银行在贵金属方面，积极开展业务结构调整与产品创新，实现贵金属业务平稳较快发展；积极推广黄金租赁业务，丰富实物类贵金属产品线，完善业务系统功能，获批黄金进口资格，开展黄金寄售和黄金租售业务。广发银行 2013 年大力推动储蓄产品创新，率先推出银联标准多币借记 IC 卡，推出"智能金账户"自动理财业务，推出业内领先的代发工资综合服务套餐"广发薪管家"，依托银联供应链业务管理平台，推出供应链综合服务平台产品。

在品牌管理方面，各家银行继续着力于自身特色品牌建设，大型银行以自身品牌为依托拓展核心竞争力，同时通过自身拥有的资源和规模进一步提升自身品牌。中小股份制商业银行通过特色服务与产品维护自己的品牌和声誉，在某些领域成为业界标杆。大型银行依托自身规模优势，将更多的资源用于高端客户和海外资源的开拓；中小银行则是一方面在中小企业方面巩固并发展市场，一方面在某些具有比较优势的高端业务方面进一步精细化发展。但是这其中也有一些不足：尤其是在高端客户的争取与关系维护方面具有严重的同质化现象，这无益于银行业务发展和专业化品牌塑造。

在渠道建设方面，在当前的环境下，网络渠道的重要性相对于传统的物理渠道，已经发生根本性的变化。各家银行利用自身网络环境为所属客户形成了众多具有特色的"社区"。这些"社区"所能提供的环境与资源，是判断银行转型改革成功与否的重要指标。

（七）市场影响力

从资产规模角度看，工行的资产规模处于首位，达18.92万亿元，其次是建行，资产规模达15.36万亿元，农行（14.56万亿元）、中行（13.87万亿元）分别居于第三、第四位，工、建、农、中4家银行在资产规模方面形成了中国银行业的第一梯队。交行以5.96万亿元的资产规模名列第五。2013年底，资产超过3万亿元的股份制银行共计5家，按资产排名依次是招商（4.02万亿元）、浦发（3.68万亿元）、兴业（3.67万亿元）、中信（3.64万亿元）、民生（3.23万亿元）。资产超过1.5万亿元有3家，分别是光大（2.42万亿元）、平安（1.89万亿元）、华夏（1.67万亿元）。

资产增速方面，5家大型银行中，建行、农行、中行的资产增速都高于9%，工行的资产增速明显放慢，仅为7.84%，交行增长强劲，增速为13.04%。相对于大型银行，股份制银行在2013年大多继续保持了强劲增长的态势，除民生和光大的资产只有小幅增长（增速分别为0.44%和5.96%）外，其他都实现了大幅增长，其中增长最快的是广发，增速达25.83%，增速居末的兴业也达到了13.12%。相对于2012年，股份制银行的资产增速明显放缓。

从存款规模来看，2013年末，全国金融机构人民币各项存款余额为104.4万亿元，同比增长13.8%，增速比2012年末高0.4个百分点。工行的存款总量排名第一，存款总额为13.64万亿元，占金融机构存款总额的14%。建行、农行、中行3家银行的存款总额分别为12.22万亿元、11.17万亿元、10.10万亿元，也都基本占到金融机构存款总额的10%以上。这4家银行存款总额前四的地位难以撼动。

从贷款规模来看，2013年底全国金融机构人民币贷款金额为71.9万亿元。其中，全国性商业银行贷款总额达到27.88万亿元，占金融机构贷款总额的38.78%。从规模排名方面看，工行9.92万亿元、建行8.59万亿元、中行7.61万亿元、农行7.22万亿元，分别占全国性金融机构人民币贷款金额的13.80%、11.95%、10.58%、10.05%。四大银行仍居规模排名前四的位置。

从战略性业务角度来看，信用卡业务已成为各家银行开拓个人金融业务时重点争夺的市场。在信用卡发卡量方面，工行依然排名第一，但是在卡均消费量方面，平安银行经过快速增长已达到第一的位置。由于近年来我国实际通胀率较高以及广大居民的投资意识和理财需求不断提高，银行开展理财业务的规模呈爆炸式上升趋势，银行也都将个人理财销售作为零售银行业务的重中之重。其中，大型银行的个人理财销售规模远高于股份制银行，建行以68711亿元的规模居于首位。国际结算和贸易融资也是银行竞争的重点业务，因为该业务能够为银行提供高回报、低风险的收入，特别是我国银行业近年来大力发展中间业务，拓展其他收入来源。国际结算业务是中国银行的传统优势，2013年该行国际结算业务快速上升，增长率为23.02%，国际结算业务总额高达34200亿美元，排名第一。随着直接融资市场的改革和财富管理市场的不断扩大，资产托管的地位和作用愈发重要，2013年中国银行资产托管业务增速达25%，托管资产规模超过50000亿元，继续保持我国最大的资产托管银行的地位。短期融资债和中期票据承销是银行重要的投资银行业务，随着越来越多的企业和银行选择通过短期融资债和中期票据进行融资，债券承销成为银行的一项重要收入来源，结合各行承销的短期融资债和中期票据发行金额可以看出，除兴业银行外，股份制银行承销债券的每次承销规模仍不及大型银行，建行、工行、兴业、农行和中行分列前五位。

四 城市商业银行竞争力评价

2013年，国内外经济形势依然错综复杂，金融创新更加活跃，金融服务提供者更加多元化，对金融监管提出新要求，金融脱媒和金融改革发生新情况，行业竞争日趋加剧。经济金融环境的深刻变化对银行业的经营活动产生了重大影响，推动银行业加快改革转型。城商行继续保持较好的发展态势，但盈利能力下降、不良贷款增多、流动性风险加大、收入结构过于集中等因素的负面影响有不同程度的显现。城商行需要加大力度推进改革创新转型发展，积极应对不良贷款以及利率市场化对盈利能力和风险状况的影响，提高风险治理能力，改进流动性风险管理，拓展资本金补充渠道，改革业务治理体系，大力创新发展社区金融、网络金融等与自身战略定位相一致的经营模式和业务。

（一）规模继续扩张，增速减缓

2013年，城商行发展速度略低于2012年，但仍高于行业平均水平。2013年银监会年报显示，截至2013年底，银行业金融机构资产总额达到151.4万亿元，比年初增加了17.7万亿元，净增长13.2%；负债总额达141.2万亿元，比年初增加了16.2万亿元，净增长13.0%。截至2013年底，城商行资产总额超过15万亿元，达到15.2万亿元，比年初增长22.9%，增速略低于2012年的23.7%，在全部银行业金融机构资产总额中的占比达到10.03%，比2012年底提高了0.79个百分点；负债总额超过14万亿元，达到14.2万亿元，比年初增长22.9%，增速略低于2012年的23.8%，在银行业金融机构中的比重从2012年底的9.24%增加到10.04%；所有者权益总额接近1万亿元，达到9974亿元，比年初增长23.5%，增速略高于2012年的21.6%。城商行在银行业中的整体地位继续上升，但与大型银行和全国性股份制银行比较，数量占多数的城商行的资产占比和负债占比仍然较低。

从单个银行看，近年来，单家城商行平均规模持续增加。截至2013年底，单个城商行平均资产总额首次超过1000亿元，达到1047亿元；单个城商行平均负债总额达到978亿元。截至2013年底，资产规模超过1000亿元的城商行总数达到43家，比年初增加7家；存款总额超过1000亿元的城商行总数达到26家，比年初增加6家。北京银行、上海银行和江苏银行仍然是仅有的3家资产规模超过5000亿元的城商行，它们在资产、负债、存款、贷款4个单项指标排名中均位列前三。其中，规模最大的北京银行2013年底的资产总额达到1.34万亿元。

由于资产质量是影响银行盈利和可持续经营的重要因素，且国内银行业大约一半的资产都是贷款，贷款不良情况是影响资产质量最重要的因素。2013年城商行不良贷款余额持续上升，截至2013年底达到548亿元，比2012年底增加了30.8%，增速略高于2012年。城商行不良贷款余额持续增长的势头仍在继续。

2013年城商行不良贷款率仍然低于行业平均水平。2013年底城商行不良贷款率增至0.88%，同比提高0.07个百分点。城商行不良贷款率低于同期商业银行平均水平（1.00%）和大型银行平均水平（1.00%），但略高于全国性股份制银行的平均水平（0.86%）。

2013年，城商行信贷风险抵偿能力仍然保持在较高水平。银行贷款损失准备金的充足性以拨备覆盖率来衡量。2013年底，城商行拨备覆盖率均值为526%。拨备覆盖率均值最高的是资产规模为500亿~1000亿元的城商行，达到717%，最低的是资产规模大于2000亿元的城商行，为298%。

2012年，城商行为了赶上"旧版"次级债发行的末班车，积极发行次级债补充资本金，但2013年城商行在发行含"减记"或"转股"条款的资本工具以及优先股试点方面，鲜有作为。城商行的资本补充仍然主要通过增资扩股和利润留存来实现。自2013年一季度起，银行业披露的资本充足率相关指标调整为按照新办法计算的数据结果，与历史数据不可直接比较。

城商行的资本充足性均满足了银监会的资本要求。2013年底，城商行资本充足率均值为12.19%，高于A股16家上市银行的资本充足率均值（11.50%）；一级资本充足率均值和核心一级资本充足率均值分别是10.73%和10.75%，均高于商业银行平均水平和A股16家上市银行的均值。根据银监会的统计信息，2014年一季度末，商业银行资本充足率平均水平从年初的12.19%下降至12.13%，二季度末增至12.40%。一季度末，城商行资本充足率平均水平为11.90%，低于大型银行的12.56%，高于股份制银行的10.55%，二季度末，大型银行和股份制银行的资本充足率都在上升，但城商行的

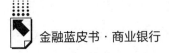

资本充足率平均水平略有下降，至11.87%。

近年来，城商行盈利水平继续保持增长态势。2013年城商行盈利水平继续增长，但增速进一步回落。2013年，城商行实现税后利润1641亿元，比2012年增长了20.0%，增速比2012年下降了6.5个百分点，但仍高于银行业金融机构税收利润的增长率（15.4%）。2013年，城商行税后利润总额在全部银行业金融机构利润总额中的占比由2012年的9.0%增加至9.4%。

从资本利润率和资产利润率两个指标变化情况看，2013年银行业盈利能力有所下降，城商行盈利能力也有所下降。2013年，城商行资产利润率平均水平为1.19%，同比下降0.3个百分点，高于全国性股份制银行的1.17%，但低于大型银行1.33%和商业银行整体1.3%的平均水平。同期，城商行资本利润率平均水平为18.19%，比2012年下降了0.4个百分点，低于大型银行19.98%和全国性股份制银行20.27%的平均水平，也低于商业银行整体19.2%的平均水平。

（二）城商行创新发展

1. 应对利率市场化

利率市场化改革是我国社会主义市场经济体制改革的重要组成部分。在利率市场化过程中，市场机制在利率形成中的作用会越来越大，但并不是放开全部的利率。央行需要通过公开市场操作为市场利率决定提供基准利率。比较起来看，利率市场化对城商行的影响更大。大部分城商行都属于小型银行，它们的业务结构和收入来源更为单一，对利息收入的依赖程度较高。城商行产生并成长于稳定的利差环境下，它们的风险定价和风险管理能力较低，不足以从容应对新的市场环境。而大中型银行往往是上市银行，在这些方面的问题或缺陷要小得多。

当前的存款利率格局是，大、中、小银行的存款利率平均水平依次提高。这意味着，城商行的资金成本已高于大中型银行。利率市场化将会继续推进，并最终实现存款利率的市场化。城商行需要为此做足准备，避免在环境变化之时陷入盲目和混乱。

2. 改进流动性管理

流动性风险是银行业面临的一类重要的风险。一家银行可能无法以合理成本及时获得充足资金，用于偿付到期债务、履行其他支付义务和满足正常业务开展的其他资金需求，此时我们说该银行面临着流动性风险。在某些特殊的时刻，比如在证券化产品投资方面发生了大规模损失，银行的存款人会丧失对该银行的信心，从而争相从该银行提取自己的存款，以防银行倒闭给自己带来损失。存款保险制度的建设减少了"银行挤兑"发生的频率，但并没有根除这一问题。

2013 年的两次"钱荒"被赋予了很多的解读，其背后的原因有很多，也有很多意见分歧和争论。但有一点是可以肯定的，"钱荒"使我国银行业潜在的流动性风险以及银行业流动性风险管理实践中存在的缺陷得以暴露。我们的经验是，除了要转变发展方式、调整业务战略和资产负债结构之外，银行业还需要加强流动性管理，稳定自己的资金来源，将货币市场批发融资控制在一个合理的比例上。

3. 开启 H 股上市

上市对城商行的发展起到很好的促进作用。一些发展较好的城商行对于公开上市表现出了极大的热情，多家城商行表达了上市意向，并积极准备相关资料。进入 2008 年之后，全球金融危机愈演愈烈，资本市场陷入低迷，城商行长期快速发展所积累的一些矛盾和问题有所暴露，城商行上市遂遭一再搁浅。

H 股上市成为城商行的另一个选择。那些迫切需要通过补充资本金来支持业务发展的城商行不得不转向 H 股。2012 年，上海银行、重庆银行、大连银行、徽商银行等多家城商行向监管部门提交了 H 股上市申请。更换上市地点会增加一系列的费用，需要额外付出许多精力和成本。此外，2013 年，银行估值仍然偏低。但这些并没有阻碍城商行 H 股上市的步伐。

上市对城商行的影响总体上看是积极的，其正面影响要大于负面影响。尽管融资平台、不良贷款、利率市场化、业务模式同质化等因素使得上市银行整体在破净线以下挣扎，但面对日趋严格的资本约束，城商行等待上市的热情并未减少。多渠道补偿资本金为业务扩张和持续发展奠定了基础，是大部分城商行都要面临的问题。

4. 规范理财同业

近年来，国内居民的理财意识逐步觉醒，资产配置越来越多样化。最新调查结果显示，88% 的中国城市居民已有理财意识、正在或即将进行财富管理，仅有 12% 的居民认为无须理财或投资理财可有可无；居民的投资也不再拘泥于定期储蓄，而是涉及理财产品、基金和股票等多种投资品类。

城商行也需要根据监管要求改革自己的同业业务和理财业务治理体系。在同业业务治理体系方面，按照 140 号文要求，城商行需建立与所开展的同业业务规模和复杂程度相适应的治理体系，由法人总部对同业业务进行统一管理，建立健全前、中、后台分设的内部控制机制，加强内部监督检查和责任追究，确保同业业务经营活动依法、合规，风险得到有效控制。建立同业业务专营部门，由法人总部建立或指定专营部门负责经营同业业务，专营部门不得办理未经授权或超越授权的同业业务。其他部门和分支机构需要逐步退出同业业务经营，专营部门不得向其他部门或分支机构进行转授权。对于同业拆借、买入返售和卖出回购债券、同业存单等可以通过金融交易市场进行电子化交易的同业业务，专营部门不得委托其他部门或分支机构办理。需要建立健全同业业务授权管理体系、授信管理政策、交易对手准入机制等。

5. 发展网络金融

互联网金融是以互联网技术为代表的现代信息通信技术与金融活

动相互融合的一体化产物。在使用计算机之前，银行业是通过手工和账本来进行业务处理和账务处理的。手工操作效率低、成本高、出错率高，严重限制了银行业的业务处理能力。第一代计算机产生之初，计算机对于许多行业来说还是比较陌生的事物，但银行业迅速看到了使用计算机克服手工操作缺陷的机会。城商行在发展互联网金融方面也越来越积极。互联网金融不受物理网点的限制，较低的成本结构，以大数据分析为基础进行风险控制，主要以小微企业和普通个人为目标客户，在小微金融领域优势突出的特征非常符合城商行的市场定位。发展互联网金融在一定程度上可以帮助城商行摆脱物理网点的局限，使其将业务范围推向无限的互联网空间。

6. 双控不良贷款

2013年，商业银行不良贷款余额和不良贷款率整体呈现"小幅双升"态势。截至2013年底，银行业金融机构不良贷款余额为1.18万亿元，比年初增加了1016亿元，不良贷款率为1.49%，比年初下降了0.07个百分点。其中，商业银行不良贷款余额为5921亿元，比年初增加了993亿元，不良贷款率为1.00%，同比上升了0.05个百分点。同期，商业银行各项资产减值准备金为17551亿元，其中贷款损失准备金为1.67万亿元，比年初增加了2175亿元，拨备覆盖率为282.7%，同比下降了12.8个百分点，拨贷比为2.83%，同比上升了0.02个百分点，商业银行整体的风险抵补能力仍然充足。

一些城商行大力清收和控制不良贷款，并取得了较好的效果。例如，浙江稠州商业银行2013年新增不良贷款主要集中在杭州、宁波、温州等地区，通过及时有效的风险化解、清收处置及加快核销等综合处置措施，加大了拨备提取力度，确保充分覆盖风险，资产质量保持稳定。再如，2013年，上海银行通过现金清收、项目重组、贷款核销等方式加大了不良资产清收化解力度。

B.2

2013年全国性商业银行
财务分析报告

张云峰 邓 鑫*

一 前言

本报告从财务指标角度分析讨论 2013 年全国性商业银行的竞争力。

本报告所提全国性商业银行包括：由中国工商银行、中国农业银行、中国银行、中国建设银行和交通银行 5 家银行组成的大型商业银行（以下分别简称为工行、农行、中行、建行和交行，统称简称为大型银行），以及由招商银行、中信银行、上海浦东发展银行、中国

---

* 张云峰，经济学博士，现供职于中国民生银行战略发展部；邓鑫，博士，现供职于外交学院。

民生银行、中国光大银行、兴业银行、华夏银行、广东发展银行、平安银行（2012 年 1 月 20 日，深圳发展银行与其控股子公司平安银行两行合并，深圳发展银行作为存续公司并更名为"平安银行"）、恒丰银行、浙商银行、渤海银行 12 家银行组成的全国性股份制商业银行（以下分别简称为招商、中信、浦发、民生、光大、兴业、华夏、广发、平安、恒丰、浙商、渤海，统称简称为股份制银行）。

全国性商业银行是中国银行业的重要组成部分。截至 2013 年底，全国性商业银行的资产合计占到我国银行业总资产的 61.14%，负债合计占到我国银行业总负债的 61.27%，分别较 2012 年下降了 1.40和 1.39 个百分点；税后利润合计占比为 64.94%，较 2012 年下降了1.7 个百分点；从业人员占到银行业全部从业人员的 58.72%，较2012 年降低了 0.22 个百分点。

图1、图2 和图 3 分别按总资产、总负债和税后利润列示了2005～2013 年不同类型银行市场份额的年际变化情况。总体而言，5家大型银行的市场份额呈逐年下降的趋势，而股份制银行则呈上升的趋势。2013 年，大型银行的总资产、总负债和税后利润的市场份额

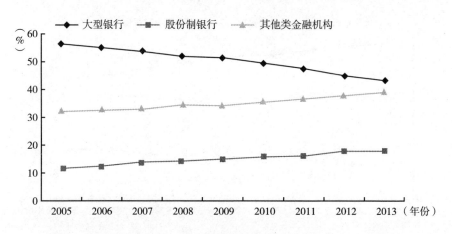

图 1　银行业基于总资产的市场份额变化（2005～2013 年）

资料来源：银监会 2013 年年报。

与 2012 年相比较，分别下降了 1.56 个、1.57 个和 1.87 个百分点；与 2005 年相比较，分别累计下降了 12.72 个、12.66 个和 13.57 个百分点。股份制银行与 2012 年相比，分别增加了 0.20 个、0.77 个和 0.17 个百分点；与 2005 年相比较，分别累计增加了 5.88 个、5.58 个和 5.47 个百分点。

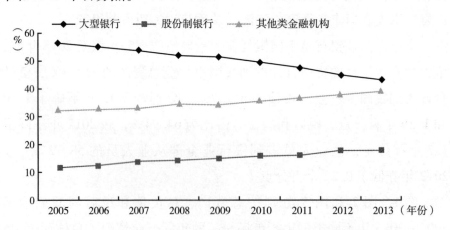

图 2　银行业基于总负债的市场份额变化（2005～2013 年）

资料来源：银监会 2013 年年报。

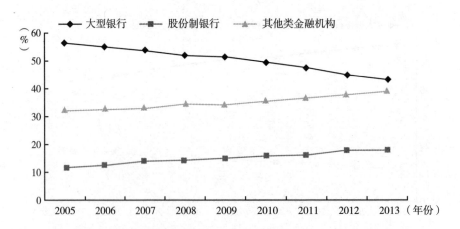

图 3　银行业基于税后利润的市场份额变化（2005～2013 年）

资料来源：银监会 2013 年年报。

截至 2013 年底，全国性商业银行的资产总额为 92.54 万亿元，同比增长了 10.73%；负债总额为 86.50 亿元，同比增长了 10.48%；所有者权益为 6.03 万亿元，同比增长了 14.53%。资本充足率指标全部达标，资产质量得到大幅改善，盈利能力、抗风险能力以及流动性管理水平均有较大水平的提升。

以下从资本状况、资产质量、盈利能力和流动性水平 4 个方面对全国性商业银行 2013 年度财务状况予以分析。各项财务数据除另有注明外，均取自监管部门及各银行的财务报告和新闻稿件等公开披露的信息。

二 资本状况

随着资本监管要求的提升，各行发行的次级债都必须符合减记型合格二级资本工具。然而，发行转股型的次级债障碍比较多。由于债券和股票市场并未打通，转股型次级债涉及不同市场和不同部门的审批和协调，且不同市场间的转换也较为复杂。因此，银行仍然更倾向于发行减记型次级债。截至 2013 年底，多家银行均已提出发行减记型二级资本工具的计划。

除了发债之外，增资扩股也成为银行补充资本的渠道。2013 年，有不少银行推出了股权融资的方案。除了 2012 年 12 月 31 日，兴业实施非公开发行，募集资金 235.32 亿元外，2013 年 9 月，招商 A + H 配股方案获批，在 A 股市场上配股获得 275.25 亿元的融资；2013 年 12 月，光大 H 股上市，募集资金 248.52 亿港元（折合人民币约 194.52 亿元）（见表1）。

近年来，我国银行业的资本实力和资本充足水平显著提升。2013 年 1 月 1 日起正式实施的《商业银行资本管理办法（试行）》称，商业银行总资本包括核心一级资本、其他一级资本和二级资本。商业银

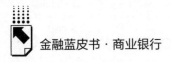

表1　2012年底及2013年全国性商业银行主要再融资活动

银行	债券融资	股权融资
工行	拟在2014年底前新增发行不超过600亿元的等值减记型合格二级资本工具（即次级债）（2013年1月）	—
农行	—	—
中行	将在境内外发行不超过600亿元或等值外币减记型合格二级资本工具（2013年7月）	—
建行	—	—
交行	—	
中信	拟在境内市场发行不超过370亿元的二级资本工具（2013年8月）	—
光大	拟发行不超过162亿元的二级资本债券（2013年9月）	H股上市，募集资金248.52亿港元（折合人民币约194.52亿元，含2014年1月行使超额配股权）（2013年12月）
华夏	—	—
广发	—	—
平安	拟新增发行总额不超过折合人民币500亿元的等值减记型合格二级资本工具（即次级债）（2013年5月）	—
招商		A+H配股方案，A股市场配股获得275.25亿元（2013年9月4日）
浦发	—	—
兴业		非公开发行19.15亿股，募集资金235.32亿元（2012年12月31日）
民生	可转债200亿元（2013年3月）	—
浙商	—	—

行各级资本充足率不得低于如下最低要求：①核心一级资本充足率不得低于5%；②一级资本充足率不得低于6%；③资本充足率不得低于8%。

截至2013年底，我国银行业整体加权平均核心一级充足率和一级资本充足率均为9.95%，较2012年同期上升了0.14个百分点，加权平均资本充足率为12.19%，较2012年同期下降了0.29个百分点。按照2013年资本充足率过渡期的最低要求（8.5%），全部商业银行中仅有一家农村商业银行的资本充足率未达标。

商业银行的杠杆率在全球标准中处于安全区间。2013年，除交行外，其他4家大型银行按照《商业银行杠杆率管理办法》披露杠杆率，整体较2012年都有提高，这4家银行的平均水平为5.67%，比2012年提高了0.56个百分点，高于银监会规定的4%的最低监管要求。其中，最高的为建行，杠杆率为6.01%，农行相对最低，为5.21%。

图4列示了按照新办法统计的全国性商业银行资本充足率的情况。由图5可见，截至2013年底，对照新办法，全部17家全国性商

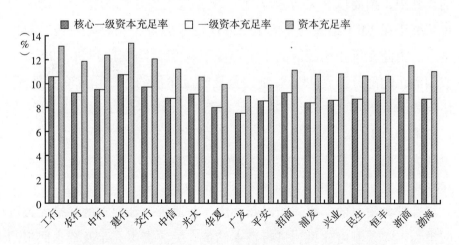

图4　2013年全国性商业银行资本充足率（新办法）

资料来源：各银行年报。

业银行全部达标，核心一级资本充足率均超过 5%，一级资本充足率均超过 6%，资本充足率均超过过渡期最低要求（8.5%）。

大型银行的资本充足率普遍高于股份制银行，核心一级资本充足率与核心资本充足率相同。其中，建行的 3 项指标均最高，核心一级资本充足率和一级资本充足率均为 10.75%，资本充足率为 13.34%，工行的 3 项指标均列第二位，交行的核心一级资本充足率和一级资本充足率排在第三位，中行的资本充足率排在第三位。五大行中农行的这 3 项指标值最低，且只有农行的一级资本充足率没有达到国内系统重要性银行 9.5% 的要求。

12 家股份制银行资本充足率全部达标，但整体水平低于大型银行。浙商资本充足率达到 11.53%，从 2012 年的亚军位置上升到股份制银行之首。中信和招商以 11.24%、11.14% 分列第二位和第三位。而广发、华夏和平安是股份制银行中资本充足率较低的 3 家银行，均没有超过 10%，其中广发只有 9%。

股份制银行的核心一级资本充足率与一级资本充足率也是相同的。其中，招商以 9.27% 排名第一位，这主要是因为招商在历时两年后终于在 2013 年顺利完成了 A + H 配股融资，及时有效地补充了资本。招商在折扣率较低的市场环境下 A 股认购率达到 96.39%，H股超额认购部分达到 457.81%，募集资金净额约人民币 336.6 亿元。恒丰和浙商的核心一级资本充足率与一级资本充足率以 9.21% 和 9.17% 分列第二、第三位。此外，光大的这一数据为 9.11%，排名也较为靠前，这主要是由于 12 月光大成功实现 H 股上市，募集资金 248.52 亿港元，达到了提升资本实力的效果。

综观各银行的年报，应对新办法、新监管、新要求的举措大致可归类为：完善制度建设，进行资本储备，关注资本充足及资本回报的平衡关系，加强资本管理监督评估，积极拓展资金筹集渠道，改造和升级信息系统，优化和细化计量模型。

三　资产质量

2013 年，我国商业银行资产质量呈现继续下滑迹象。不良贷款率和不良贷款绝对额较以前年度均出现了一定的反弹。受经济下行影响，钢贸、造船、光伏等产能过剩领域以及抗风险能力差的中小微企业成为不良贷款的"灾区"。

截至 2013 年底，我国银行业按贷款五级分类计算的不良贷款余额为 5921 亿元，较年初增加了 993 亿元；不良贷款率为 1.00%，小幅上涨了 0.05 个百分点。

以下从不良贷款、拨备覆盖率和贷款集中度 3 个角度分析全国性商业银行 2013 年资产质量情况。

（一）2013年全国性商业银行不良贷款情况

1. 总体情况

2013 年，全国性商业银行不良贷款余额为 4591.3 亿元，较 2012 年上升 699.10 亿元，增幅高达 17.96%。其中，次级类不良贷款余额为 1851.50 亿元，比 2012 年上升了 16%，可疑类余额和损失类余额分别为 2028.4 亿元和 711.40 亿元，也出现了 16.82% 和 27.35% 的大幅回升。

图 5 列示了 2003～2013 年全国性商业银行不良贷款余额的变化情况。2003～2013 年，全国性商业银行不良贷款余额仍呈现整体下降的趋势，由 2003 年的 21045 亿元下降至 2013 年的 4591 亿元，降幅高达 78%。但 2012 年和 2013 年不良贷款余额连续两年增长。

图 6 列示了全国性商业银行 2003～2013 年不良贷款率的变化情况。2013 年全国性商业银行的不良贷款率为 0.939%，较 2012 年上升了 0.04 个百分点。其中次级类不良贷款率为 0.37%、可疑类为

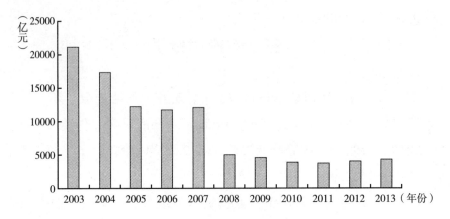

图5 2003~2013 全国性商业银行不良贷款余额

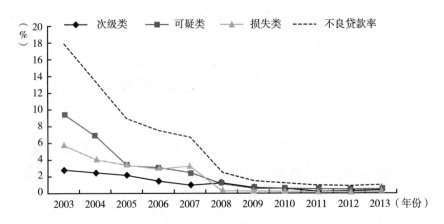

图6 2003~2013 年全国性商业银行不良贷款率

0.41%、损失类为 0.14%，与 2012 年相比均出现了小幅下降，下降幅度分别为 0.06 个、0.06 个和 0.01 个百分点。

2013 年，尽管不良贷款数据总体表现良好，但在货币政策偏紧以及经济增速放缓的背景下，全国性商业银行逾期和关注类贷款出现不同程度的上升。17 家全国性商业银行中关注类贷款余额整体上减少了 388.86 亿元，但出现正增长的依然达到 13 家，其中股份制银行全部增加，大型银行中建行表现为增长。

2. 不良贷款情况

图7、图8分别列示了大型银行和股份制银行2013年不良贷款率与不良贷款余额。

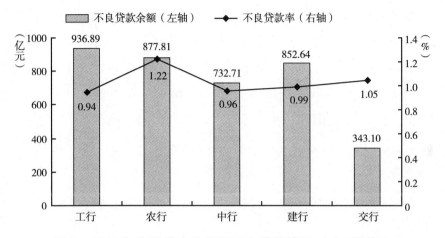

图7　2013年全国性商业银行不良贷款情况（大型银行）

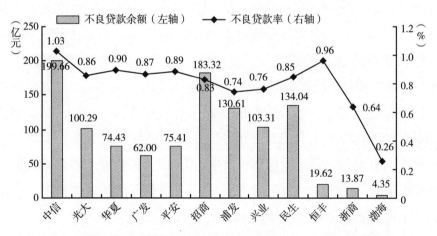

图8　2013年全国性商业银行不良贷款情况（股份制银行）

2013年，大型银行的不良贷款率为0.94%～1.22%，除农行外均在2012年基础上有所上升或持平。其中，工行（0.94%）和中行（0.96%）的不良贷款率较低，农行的不良贷款率依旧最高，为

1.22%。工行的不良贷款余额为936.89亿元，近年来首次成为不良贷款余额绝对值最高的大型银行；交行的不良贷款余额最低，为343.10亿元。

股份制银行的资产状况从绝对值上看普遍好于大型银行。但不良贷款率参差不齐，且与大型银行相比的优势正在缩小，渤海最低（0.26%），中信（1.03%）、恒丰（0.96%）和华夏（0.90%）较高，但多数银行的不良贷款率集中于0.64%~0.90%。不良贷款余额方面，中信、招商和民生与2012年排名相同，依然为较高的前三家，分别为199.66亿元、183.32亿元和134.04亿元；渤海、浙商和恒丰三家规模较小，其不良贷款余额也较少。除此之外，广发（62亿元）、华夏（74.43亿元）和平安（75.41亿元）的不良贷款余额相对较低。

图9列示了全国性商业银行不良贷款率2013年与2012年的对比情况。同2012年相比，仅有一家大型银行和两家股份制银行的不良贷款率有所下降，大多数全国性商业银行明显改变了不良贷款率多年来持续下降的态势。其中，大型银行中，仅农行的不良贷款率从2012年的1.33%下降0.11个百分点至1.22%，降幅居大型银行之首；建行持平于0.99%的水平；交行上升幅度最大，从2012年的0.85%上升0.20个百分点至1.05%，中行和工行分别出现了0.01个和0.09个百分点的上升。股份制银行中，有10家都出现了略微幅度的上升，恒丰的升幅最大，为0.42个百分点。出现下降的仅有两家：广发和平安分别下降了0.61个和0.06个百分点。

图10列示了2013年大型银行不良贷款余额与2012年的对比情况。5家大型银行的不良贷款余额全部上升。截至2013年底，"最赚钱"的工行的不良贷款余额达936.89亿元，同比大增191.14亿元，增幅最高，达到25.63%；建行达到852.64亿元，比2012年增加了106.4亿元不良贷款，同比增长14.26%；中行不良贷款同比增长

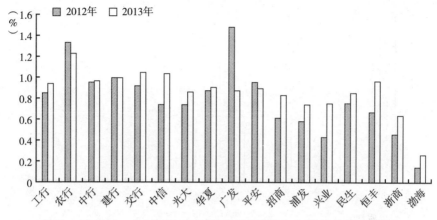

图9　2012 年、2013 年全国性商业银行不良贷款率变化情况

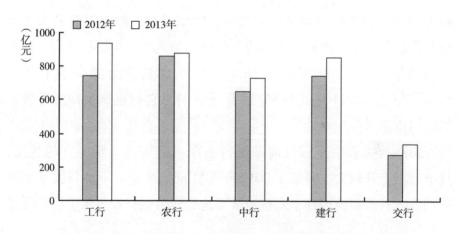

图10　2012 年、2013 年大型银行不良贷款余额变化情况

11.95%，达到732.71 亿元；农行表现最为稳定，不良贷款增加了19.33 亿元至877.81 亿元，同比增速仅2.25%。

　　图11 列示了2013 年股份制银行不良贷款余额与2012 年的对比情况。股份制银行的"坏账"问题更为严重。12 家股份制银行的不良贷款余额仅有广发1 家下降，降幅为32%，其他全部上升。恒丰、浙商和渤海分别增加了8.16 亿元、5.42 亿元和2.34 亿元，增幅分

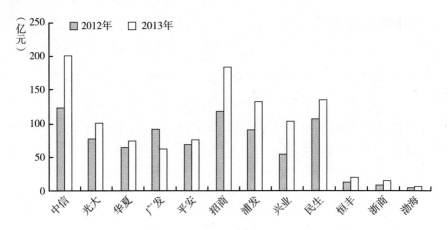

图11　2012 年、2013 年股份制银行不良贷款余额变化情况

别为 71.20%、64.14% 和 116.42%，增幅虽高，但绝对额不大。其余股份制银行中，增幅较大的前三位分别是兴业、中信和招商，增幅分别为 95.44%，62.92% 和 56.76%，不良贷款余额分别上升了50.45 亿元、77.11 亿元和 66.38 亿元，同时它们也是余额上升较多的前三位。

2013 年大多数全国性商业银行出现不良贷款余额上升的状况，且绝对额上升较大，延续了 2012 年不良贷款余额、不良贷款率上升的局面，其深层原因在于宏观经济增速放缓为银行业带来了资产质量下行的压力。

（二）2012年全国性商业银行风险抵补能力

自 2012 年起，银监会开始按照《商业银行贷款损失准备管理办法》对商业银行的拨备覆盖率和贷款拨备率进行综合考核，其中拨备覆盖率以 150% 为基本标准，贷款拨备率以 2.5% 为标准，两者中的较高者为商业银行贷款损失准备的监管标准。这标志着中国银行业动态拨备制度已开始正式实施。

1. 贷款拨备率

贷款拨备率是贷款减值准备与贷款总额的比率。图 12 列示了全国性商业银行 2013 年的贷款拨备率及其与 2012 年的对比情况。2013 年，全国性商业银行总的贷款拨备率为 2.67%，较上年下降了 0.03 个百分点。具体来看，大型银行贷款拨备率的优势正在缩小。5 家大型银行中，交行、工行和建行同比均有所下降，中行持平，而农行依旧最高，且是唯一一家贷款拨备率同比上升的大型银行，为 4.46%，在全国性商业银行中排名第一。其中，交行和工行贷款拨备率较低，分别为 2.24% 和 2.43%，仍低于 2.5%，未完成系统重要性银行于 2013 年底前达标的任务。

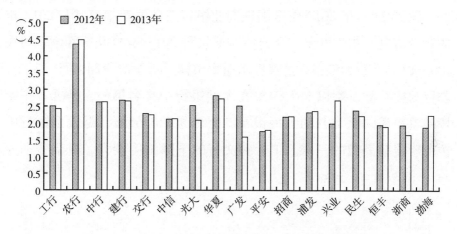

图 12　2012 年、2013 年全国性商业银行贷款拨备率

股份制银行的贷款拨备率为 1.5% ~ 2.7%，仅有华夏和兴业两家在 2.5% 以上，分别为 2.73% 和 2.68%。广发、平安、恒丰和浙商仍低于 2%，其中广发以 1.56% 排名最后。同 2012 年比，6 家银行上升，6 家银行下降。其中，兴业和渤海上升趋势较明显，分别提高了 0.68 个和 0.36 个百分点；广发和光大的下降幅度较大，分别为 0.96 个和 0.46 个百分点。全国性商业银行的风险抵补能力整体比 2012 年

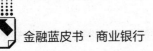

有所下降，根据监管新规，其仍将面临新的考验。

2. 拨备覆盖率

拨备覆盖率是贷款损失准备（现一般按贷款减值准备）与不良贷款的比率。最近十年来，全国性商业银行的风险抵补能力不断提高，拨备覆盖率持续提高，从 2002 年底的 6.7% 升至 2012 年底的 303.09%，但 2013 年回落了 15.02 个百分点至 288.07%。

2013 年，大型银行风险抵补能力没有持续上一年高涨的态势，拨备覆盖率达到 294.81%，同比下降了约 4 个百分点；股份制银行拨备覆盖率为 266.45%，同比下降了约 53 个百分点，延续上一年的下降趋势。

图 13 列示了 2013 年全国性商业银行拨备覆盖率及其与 2012 年的对比情况。图中可见，全国性商业银行 2013 年的拨备覆盖率均在 180% 以上，而大型银行的拨备覆盖率整体上低于股份制银行。其中，农行的拨备覆盖率以 367.04% 在大型银行中排名第一，是唯一一家拨备覆盖率同比上升的大型银行。交行为 213.65%，是大型银行中拨备覆盖率最低的一家。工行和交行的下降幅度较大，降幅分别为 38 个和 37 个百分点。

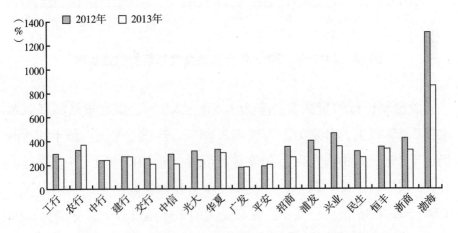

图13 2012 年、2013 年全国性商业银行拨备覆盖率

股份制银行中，渤海的拨备覆盖率以 852.28% 继续排名第一。其他股份制银行的拨备覆盖率的差异呈现缩小的趋势，大多集中在 200%～330%。恒丰、浙商两行的历史基数较高。此外，兴业、浦发的拨备覆盖率相对较高，分别为 352.10% 和 319.65%；广发和平安的拨备覆盖率依然相对较低，分别为 180.17% 和 201.06%。同 2012 年相比，10 家股份制银行拨备覆盖率下降，其中渤海同比下降幅度最大，降幅为 452.20 个百分点。招商和中信下降幅度也较大，分别下降了 86 个和 82 个百分点，浦发也下降了 80 个百分点；广发和平安两家银行虽然没有改变其较落后的排名，但较 2012 年都有所提高，分别提升了 10 个和 19 个百分点。

（三）全国性商业银行贷款集中度情况

2013 年底，全国性商业银行的单一最大客户贷款比例和最大十家客户贷款比例两项指标均符合监管要求。

图 14 和图 15 分别对比列示了全国性商业银行 2012 年、2013 年单一最大客户贷款比例和最大十家客户贷款比例情况。

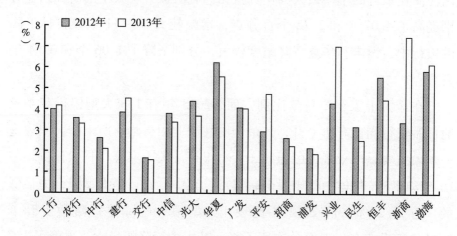

图 14　2012 年、2013 年全国性商业银行单一最大客户贷款比例

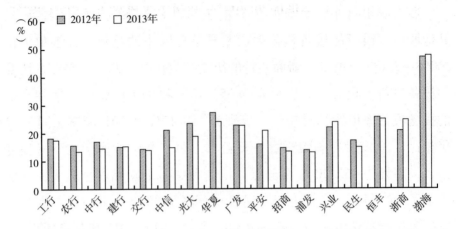

图15　2012年、2013年全国性商业银行最大十家客户贷款比例

在单一最大客户贷款比例方面，2013年，大部分全国性商业银行较2012年有所下降。其中，大型银行中，交行、中行的这一指标较低，分别为1.55%和2.10%；建行最高，为4.51%。同时，建行和工行的这一比例已经连续三年持续提高。股份制银行中，浦发最低，为1.92%，浙商最高，为7.44%。同2012年比较，共有6家全国性商业银行的单一最大客户贷款比例有所提升，其中浙商和兴业分别提高了4.07个和2.72个百分点，增幅较大。在11家该指标下降的银行中，恒丰和华夏下降幅度较大，分别下降了1.06个和0.64个百分点。

在最大十家客户贷款比例方面，2013年有1家大型银行和4家股份制银行同比有所上升，其余全国性商业银行均有所下降。出现这一现象主要是出于规模的原因。大型银行最大十家客户贷款比例均在16.5%以下，整体上低于股份制银行。其中，农行是大型银行中最低的，为13.22%。同2012年比较，大型银行中除建行略微上升了0.04个百分点外，其余均有所下降，其中中行降幅最大，下降了2.7个百分点。

股份制银行的这一指标在 2013 年整体上下降较多，其中招商和浦发依然保持全国性商业银行中的较低水平，且均低于大型银行，分别为 12.87％和 13.01％；渤海的这一指标延续上一年的升势，依然最高，达到 47.65％，逼近监管标准。同 2012 年比较，股份制银行中中信大幅下降了 6.3 个百分点，降幅最大；光大和华夏分别下降 4.81 个百分点和 3.54 个百分点，降幅也较大。

四　盈利能力

面对经济增速下降、利率市场化进程不断加快、融资脱媒日益明显、同业竞争加剧等外部环境变化所带来的诸多挑战，2013 年银行业的利润增速整体上继续回落。

2013 年，全国性商业银行实现税后利润 11327.7 亿元，同比增长 12.47％。图 16 列示了 2013 年全国性商业银行的收入结构。图中可见，全国性商业银行的净利息收入占到营业收入的 76.67％，手续

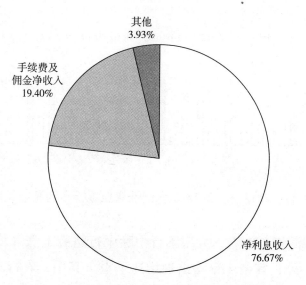

图16　2013 年全国性商业银行营业收入结构

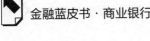
费及佣金净收入占比为 19.40%。利差收入仍是全国性商业银行最重要的利润来源。

（一）总体情况

1. 净利润增长率

图 17 列示了 2013 年全国性商业银行净利润的增长情况。2013年，全国性商业银行的盈利能力持续提高，各行的净利润增长率平均为 16.14%。5 家大型银行共实现净利润 8703.34 亿元，同比增长了 11.36%。其中，工行以 2629.65 亿元继续位居第一，同比增幅达到了 10.17%，建行以 2151.22 亿元位列第二，同比增幅为 11.12%。股份制银行共实现净利润 3008.95 亿元，同比增长了 10.04%。其中，招商（获利 517.42 亿元）继续保持领跑位置，而民生以 432.82亿元的净利润紧随其后。

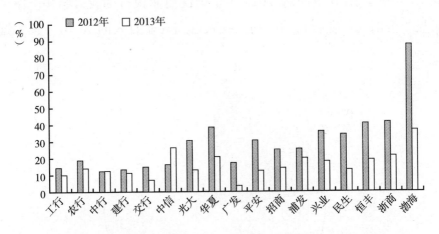

图 17　2012 年、2013 年全国性商业银行净利润增长率

从净利润增长率看，大型银行中除中行略有上涨（增幅为 0.15个百分点）外，其余 4 家均出现增速下滑。其中，农行净利润增长率最高，为 14.52%，交行以 6.73% 的成绩排名最后，其余 3 家大型银行的净利润增长率均为 10%～12.5%。股份制银行中渤海以 36.63%排名第一，中信、浙商和华夏也都超过了 20%，分别以 26.55%、21.73%和21.01%的净利润增长率紧随其后。而广发只有 个位数的增长（增幅为3.24%）是股份制银行中增幅最低者。其余 股份制银行的净利润增幅基本保持在 10%～20%。

整体而言，2013 年全国性商业银行的盈利能力持续增强，但大 多数银行的增长速度与上年相比均呈现继续下降的趋势，除中行和中 信以外，其余各银行的盈利增速都出现了比较明显的下降。其中，交 行是大型银行中下降幅度最大的，降幅为 8.32 个百分点，渤海、民 生和恒丰是股份制银行中降幅较大的，降幅分别达 50.49 个、21.56 个和21.37 个百分点。此外，各行净利润增长率的差异有所缩小，这 与宏观经济形势下滑和利率市场化等环境背景有关。

2. 净资产收益率和总资产收益率①

净资产收益率（ROE）和总资产收益率（ROA）很好地反映了 各行的盈利能力和盈利水平。按照中国银监会《商业银行风险监管 核心指标》的要求，净资产收益率不应低于11%，总资产收益率不 应低于0.6%。

图 18 对比列示了全国性商业银行 2012 年和 2013 年的净资产收 益率。图中可见，全国性商业银行的净资产收益率均显著高于 11% 的达标线。平安的净资产收益率为 13.59%，相对处在最低水平。恒 丰、民生和兴业的净资产收益率排在前三位，分别达到了 23.70%、 23.23%和 22.39%。而大型银行中，工行的净资产收益率也保持在 21%以上。

同 2012 年相比，共有 6 家银行净资产收益率上升，11 家下降。 其中，渤海和中信的净资产收益率分别提高了 2.31 个和 1.78 个百分

---

① 本报告采用加权平均净资产收益率。

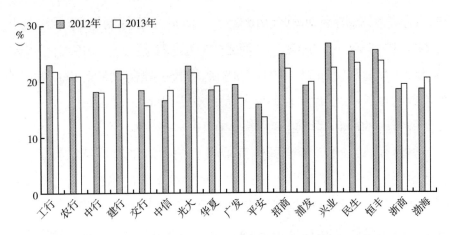

图18 2012年、2013年全国性商业银行净资产收益率

点，增幅较大；兴业和交行分别下降4.26个和2.94个百分点，降幅较大。

图19对比列示了全国性商业银行2012年和2013年的总资产收益率。图中可见，所有全国性商业银行2013年的总资产收益率均明显超过0.6%的及格线。其中，大型银行的总资产收益率相对较高，建行和工行分别达到了1.47%和1.44%，基本达到国际领先银行的

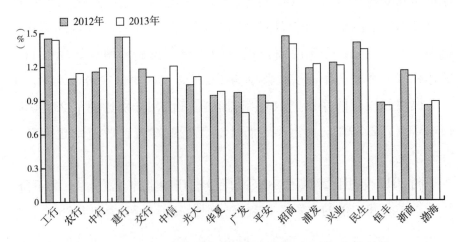

图19 2012年、2013年全国性商业银行总资产收益率

水平，排在全国性商业银行的前两名。股份制银行的总资产收益率大多为 0.8% ~ 1.4%，招商和民生的较高，分别为 1.39% 和 1.34%；而平安、渤海和广发的分别为 0.87%、0.88% 和 0.78%，虽然达标，但绝对值仍是全国性商业银行中较低的。

同 2012 年相比，2013 年大部分全国性商业银行的总资产收益率有不同程度的提高。其中，农行的增幅最大，提高了 0.39 个百分点；渤海和华夏次之，分别提高了 0.21 个和 0.13 个百分点。

（二）利息收入水平

存贷款息差收入是我国银行业最主要的盈利来源，利息收入水平是银行盈利能力的重要体现。2013 年，得益于利差收入及生息资产规模的扩大，全国性商业银行的净利息收入水平有了较大幅度的提高。

2013 年以来，中国人民银行先后取消贷款利率下限管制、推出市场化定价的同业存单业务，利率市场化呈现加速推进的趋势。目前我国除对存款利率有 1.1 倍的上限管制外，货币市场、债券市场等的利率都已基本实现市场化。利率市场化的加速将对商业银行运作方式产生深远的影响：一是短期将直接导致银行负债成本上升、净息差（NIM）收窄，削弱通过利差赢利的能力；二是贷款利率定价和存款成本控制难度增加，业务转型压力增大。

本报告从利息收入比、净息差与净利差 3 个角度讨论全国性商业银行的利息收入水平。

1. 利息收入比

利息收入比是净利息收入占营业收入的比重。图 20 对比列示了全国性商业银行 2012 年和 2013 年的利息收入比。图中可见，2013年大部分全国性商业银行的利息收入比在 75% 以上。其中，中行由于其传统的国际业务优势，外汇衍生交易产品利差收益和贵金属业务等非利息收入占比较大，利息收入比仅为69.59%，是全国性商业银行中最低的。其他银行中，民生和招商的利息收入比均低于75%，分别为71.65%和74.59%，其主要原因是年内中间业务的迅猛发展而使其手续费及佣金收入大增。华夏和浦发的利息收入占到其营业收入的85%以上，是全国性商业银行中该指标较高者。

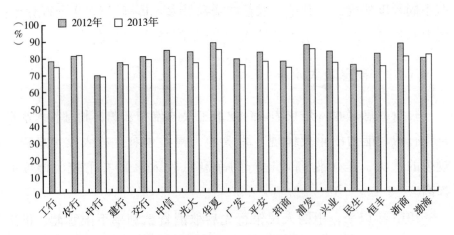

图20 2012年、2013年全国性商业银行利息收入比

同2012年相比，全国性商业银行的利息收入比整体呈下降趋势。除农行和渤海两家银行外，其他银行的利息收入比均有所降低。大型银行中，工行和交行的利息收入比分别略微下降了3.69个和2.07个百分点。股份制银行中，浙商、恒丰、兴业和光大的利息收入比降幅都在6个百分点以上，而渤海上升了2.46个百分点，成为唯一一家利息收入比持续两年上升的银行。

2. 净息差与净利差

全国性商业银行的净息差水平延续了2012年的下滑趋势，尤其是股份制商业银行，民生和广发下滑较多，下滑了40个基点以上。随着利率市场化的进一步推进，商业银行吸存竞争加剧，吸收资金的成本整体较高。而伴随着直接融资市场的发展，商业银行对信贷客户特别是大中型企业的议价能力也有所降低，净息差受到压缩。

图 21 列示了部分披露了净息差水平的全国性商业银行 2012 年和 2013 年的净息差。图中可见，全国性商业银行的净息差整体上较 2012 年出现回落，大多集中在 2%～2.8%，其中招商（2.82%）最高，农行（2.79%）和华夏（2.67%）次之；广发和光大相对较低，分别为 2.01% 和 2.16%。同 2012 年相比，仅中行和渤海两家银行的净息差有所提升，增幅分别为 0.09 个和 0.03 个百分点。

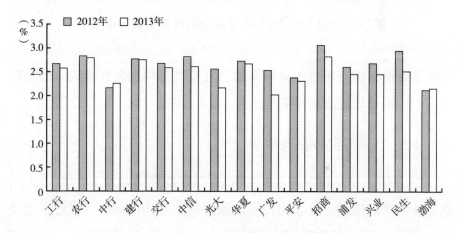

图 21　2012 年、2013 年部分全国性商业银行净息差

图 22 列示了部分披露净利差水平的全国性商业银行 2012 年和 2013 年的净利差。图中可见，与净息差的情况类似，2013 年，全国性商业银行净利差大部分集中在 2%～2.6%，其中农行和招商最高，均为 2.65%；广发最低，为 1.84%。同 2012 年相比，同样也是仅中行和渤海 2 家银行有所提升，分别上升了 0.09 个和 0.05 个百分点。

随着我国利率市场化进程加快，在宏观经济形势下行压力下，可以预见，我国银行业净息差和净利差还会持续下行，全国性商业银行

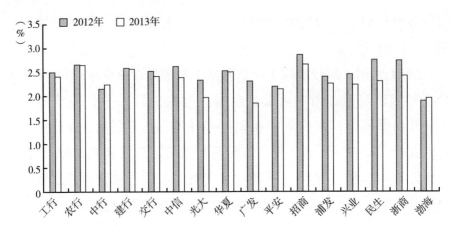

图22　2012年、2013年部分全国性商业银行净利差

尤其是股份制银行不可不未雨绸缪，在资产结构、发展模式、经营效率等方面提早做好应对准备。

（三）中间业务收入水平

2013年，面对利率市场化带来的存贷款利差收窄和利差收入增速放缓的严峻挑战，各家银行继续推进收入结构的调整。在传统信贷业务贡献度下滑的同时，金融市场业务、中间业务等非信贷业务提速发展。可以说，商业银行正在一定程度上呈现投行化趋势，主要体现在两个方面：资产规模增速放缓，投资类资产置换同业资产，类信贷业务蓬勃发展；以投行业务、咨询业务为主的新型银行中间业务的增长是商业银行净利润增长的一个非常重要的助推器。本报告选用中间业务净收入和中间业务净收入占营业收入的比例两个指标评析全国性商业银行的中间业务情况。

1. 中间业务净收入及其增幅

中间业务净收入是手续费及佣金收入减去支出后的净额，反映商业银行中间业务的绝对水平。

图23列示了2012年、2013年大型银行中间业务净收入及增幅情况。2013年，各大型银行较2012年均有较大幅度的提升，工行和建行分别以1223.26亿元和1042.83亿元继续排名前两位；增幅方面，2013年，中行和工行分别较2012年增长了17%和15%，依旧处于领跑位置。

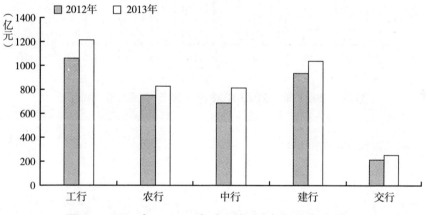

图23　2012年、2013年大型银行中间业务净收入

图24列示了2012年、2013年股份制银行中间业务净收入情况。图中可见，2013年股份制银行中，中间业务净收入较高的前两位依然是民生和招商，分别为299.56亿元和291.84亿元。恒丰、浙商和渤海因规模原因，中间业务净收入相对较低。除这三家银行之外，华夏的净收入最低，仅62.68亿元。在增幅方面，同2012年相比，股份制银行的中间业务净收入都出现了明显的提高，浙商、平安和恒丰的增幅较大，分别为164%、83%和80%；其他股份制银行的增幅大多为40%~60%。

图25列示了全国性商业银行中间业务净收入2012年和2013年的同比增幅。图中可见，2012年和2013年全国性商业银行中间业务收入增长速度加快，除兴业和渤海的增幅分别下降10个和76个百分点外，其他银行中间业务净收入2013年的增幅都大于2012年。其

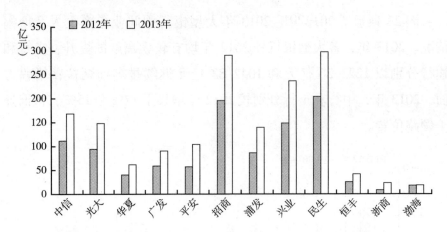

图 24　2012 年、2013 年股份制银行中间业务净收入

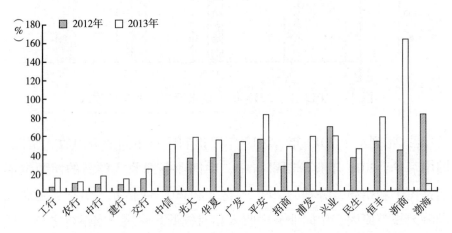

图 25　2012 年、2013 年全国性商业银行中间业务净收入增幅

中，浙商由于基数较小，增幅提高最明显，2013 年比 2012 年提高了119 个百分点；其他银行中增幅提高较多的是浦发、平安和恒丰，分别提高了 28 个、27 个和 26 个百分点。

2. 中间业务占比

2013 年，全国性商业银行的中间业务整体占比为 19.40%，比2012 年提高了 1.01 个百分点，整体上稳中有升。

图 26 对比列示了 2012 年、2013 年全国性商业银行中间业务占比情况。2013 年，大型银行中间业务占比高于股份制银行的优势已不再明显，其中工行、建行分别为 20.75% 和 20.50%，但已不能进入全国性商业银行的前三名；交行占比为 15.79%，同比上升了 1.6 个百分点，但依然相对较低。与 2012 年相比，中行的中间业务占比出现了 1.19 个百分点的下降，其他 4 家大型银行虽然维持上升趋势，但升幅非常有限，基本都在 1 个百分点左右。

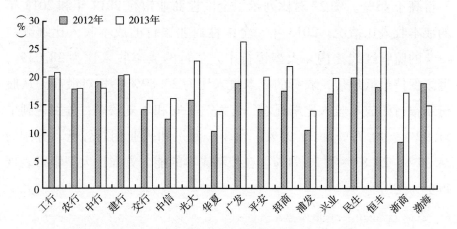

图 26　2012 年、2013 年全国性商业银行中间业务占比

股份制银行中，广发的中间业务占比最高，为 26.31%，也是全国性商业银行中最高的。民生、恒丰和光大次之，均在 22% 以上。同 2012 年相比，浙商、恒丰和光大分别提升了 8.84 个、7.21 个和 7.07 个百分点，增幅较大；其他银行的增幅大多为 3~6 个百分点。

整体而言，最近几年中国经济快速发展、人民币国际化、国民收入持续提高，为全国性商业银行发展中间业务提供了良好的外部环境与机遇。各家银行传统的清算、咨询顾问费等持续缓慢增长，而银行卡、代理、理财 3 类业务翻番增长，成为 2013 年银行手续费及佣金收入快速增加的主要来源；同时，金融市场、大交易银行、大投行、互联网金融以及信用卡等业务协同效益明显。然而，2013年，大型银行在中间业务领域的优势不再显著，其除了在量上仍保持领先地位以外，无论是从增速上看还是从占营业收入比重上看，均不再处于榜首地位。

（四）成本控制水平

成本收入比是营业费用与营业收入之比。按照监管要求，该指标不得高于45%。图27对比列示了全国性商业银行2012年和2013年的成本收入比情况。2013年，全国性商业银行的成本收入比继续在45%的监管红线之内。大型银行中，工行的成本收入比为28.03%，继续保持最低地位，农行的成本收入比为35.89%，相对最高。从股份制银行的成本收入比情况看，广发、平安和华夏较高，分别达到了41.92%、40.77%和38.93%；恒丰、浦发和兴业相对较低，分别为24.35%、25.83%和26.71%，在控制成本的能力方面比大型银行表现得更为突出。

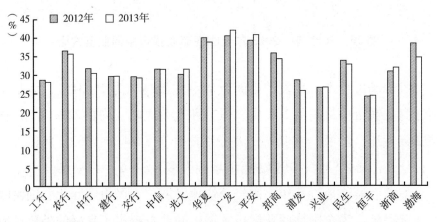

图27 2012年、2013年全国性商业银行成本收入比

同2012年相比，有11家全国性商业银行的成本收入比有不同程度的下降。其中，渤海和浦发降幅较大，分别下降了3.84个和2.88

个百分点。其余 6 家银行相比 2012 年有所上升，其中光大和平安提高幅度较大，升幅分别为 1.36 个和 1.07 个百分点。

五　流动性分析

本报告仅选择存贷比、流动性比例以及存款负债比来分析全国性商业银行的流动性管理水平。

（一）存贷比

存贷比是银行贷款金额与存款金额的比例，目前监管部门为商业银行设置的监管红线是不超过 75%。

图 28 对比列示了 2012 年和 2013 年全国性商业银行的存贷比。图中可见，2013 年全国性商业银行期末时点存贷比全部达标。大型银行的优势正在缩小，仅农行的存贷比较低，为 61.17%；另外，工行也比较低，为 66.60%，而交行达到 73.40%，成为大型银行中存贷比最高者。股份制银行的存贷比大多在 70% 左右，渤海和恒丰的存贷比分别为 54.64% 和 55.99%，在全国性商业银行中较低；招商

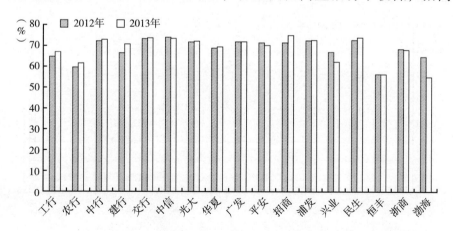

图 28　2012 年、2013 年全国性商业银行存贷比

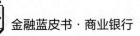

的存贷比为74.44%，是全国性商业银行中最高者，逼近监管红线。

同2012年相比，2013年全国性商业银行存贷比趋势出现分化，共有5家银行存贷比下降，12家银行存贷比上升。其中，渤海和兴业分别下降了9.60个和4.55个百分点，降幅较大；建行、招商和工行分别提高了4.05个、3.07个和2.50个百分点，相对升幅较大。5家大型银行存贷比均出现连续两年的上升，股份制银行中存贷比有所提升的也比较多，表明2013年全国性商业银行倾向于更多地增加资产业务。

（二）流动性比例

流动性比例是商业银行流动性资产余额与流动性负债余额之比，用于衡量商业银行流动性的总体水平，该指标不应低于25%。截至2013年底，我国银行业金融机构平均流动性比例为46.0%，同比略微下降1.76个百分点。

图29对比列示了全国性商业银行2012年和2013年底的流动性比例。图中可见，2013年各银行的流动性比例均在25%的达标线以上，大多集中在30%~50%。其中，招商银行的流动性比例最高，

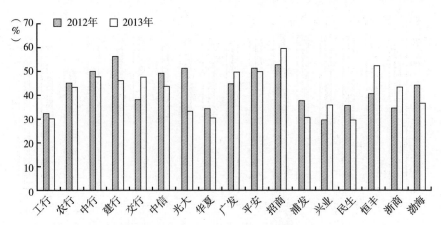

图29　2012年、2013年全国性商业银行流动性比例

为 59.64%，恒丰和平安次之，分别为 51.83% 和 50.00%。民生的流动性比例最低，为 29.31%。

同 2012 年相比，全国性商业银行中共有 11 家的流动性比例下降，6 家上升。其中，恒丰上升了 10.87 个百分点，升幅最大；交行和浙商分别上升了 9.69 个和 8.51 个百分点，升幅次之。在流动性比例下降的银行中，光大降幅最大，较 2012 年下降了 18.13 个百分点；渤海、浦发和民生次之，分别下降了 7.71 个、6.71 个和 6.70 个百分点。

（三）存款负债比

存款负债比是商业银行各项存款在全部负债中所占的比重。引入这一指标，是考虑到存款在应对流动性困难时具有高效稳定的作用。一般性判断，此数值越高，存款在商业银行全部负债中的比例越高，应对流动性风险的能力越强。当然，更准确的考察是一般性存款数。

图 30 对比列示了全国性商业银行 2012 年底和 2013 年底的存款负债比。图中可见，就存款负债比指标看，大型银行普遍高于股份制银行。2013 年，5 家大型银行的存款负债比都在 75% 以上。全国性商业银行中，建行和农行的这一比例较高，分别为 86.52% 和 85.52%，恒丰和渤海银行较低，分别为 50.05% 和 55.83%。股份制银行中，表现较突出的是中信（77.75%）、华夏（75.06%）和招商（74.23%）。大型银行的规模效应以及股份制银行的特色经营使其在吸收存款时具有的优势，在这一指标上得到较为明显的反映。

同 2012 年相比，全国性商业银行存款负债比的变化趋势出现明显分化，有 9 家银行出现下降，8 家银行出现上升。大型银行中，除中行外，其余 4 家银行都延续了上一年的下降趋势，但降幅都没有超过 2 个百分点。其中，建行降幅最大，为 1.56 个百分点。股份制银行整体波动幅度大于大型银行，显示其存款在总负债中的占比年际波

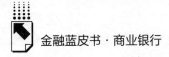
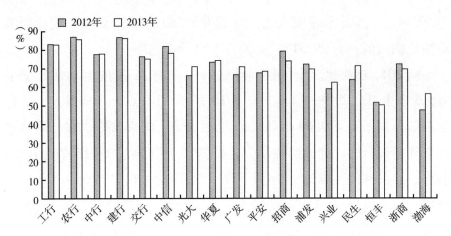

图30 2012年、2013年全国性商业银行存款负债比

动较大，其中降幅较大的是招商和中信，分别下降了 4.95 个和 4.05 个百分点，升幅较大的是渤海和民生，分别上升了 8.65 个和 7.75 个百分点。

B.3
2013年全国性商业银行核心竞争力评价报告

欧明刚 邓 鑫 王 微 欧志方 叶晓辉*

一 发展战略

从 2013 年各家银行披露的年报来看，银行的战略定位清晰程度和侧重点不一。各家银行根据自身实际情况制定的发展战略一般分为两个方向：横向的业务扩展和纵向的业务深化。居于行业领先地位的大型国有银行和股份制银行的战略定位较中小银行来讲略为模糊，主要突出国际化和综合化两个重点，强调资本管理和中间业务的重要地位，致力于扩展业务规模，巩固自身优势地位。而中小银行的定位一般针对性更强、区分度更高，其原因可能是中小银行为取得竞争优势需要走"异军突起"的特色经营路线，深耕某几项优势业务。在国有银行中，中国建设银行坚持"综合性、多功能、集约化"的发展战略。交通银行将战略定为"走国际化、综合化道路，建设以财富管理为特色的一流公众持股银行集团"。中国工商银行继续战略转型，从"资产持有大行向资产管理大行转变、从高资本占用向资本节约型业务转变、从存贷利差收入为主向多元均衡盈利增长格局转变，从本土传统商业银行向全球大型综合化金融集团转变"。这是中国

* 欧明刚，外交学院教授、博士生导师，国际金融研究中心主任；邓鑫，博士，现供职于外交学院；王微，外交学院博士；欧志方，外交学院博士；叶晓辉，外交学院博士。

工商银行基于现实考虑制定的战略。在股份制商业银行中，不同银行的战略各有特色。招商银行的战略定位为"盈利能力领先、服务品质一流、基础管理扎实、品牌形象卓越的有特色的创新型银行"；民生银行坚持民营企业的银行、小微企业的银行和高端客户的银行三个基本定位，以小微金融为突破口，实现战略定位的进一步聚焦；华夏银行坚定实施"中小企业金融服务商"战略；平安集团则提出致力于成为"中国领先的个人综合金融服务提供商"的战略目标（见表1）。

表1　2013年年报中部分全国性商业银行发展战略

中国银行	担当社会责任，做最好的银行
中国建设银行	坚持"综合性、多功能、集约化"的发展战略
中国农业银行	"三农"业务发展战略、重点城市行优先发展战略、个贷优先发展战略、电子银行创新发展战略、融入国际发展战略
交通银行	走国际化、综合化道路，建设以财富管理为特色的一流公众持股银行集团
招商银行	盈利能力领先、服务品质一流、基础管理扎实、品牌形象卓越的有特色的创新型银行
中信银行	"浇灌实体经济，铸造员工幸福，提升股东价值，服务社会发展"的发展使命，"建设有独特市场价值的一流商业银行"的发展愿景
民生银行	坚持民营企业的银行、小微企业的银行和高端客户的银行三个基本定位，以小微金融为突破口，实现战略定位的进一步聚焦
浦发银行	以建设具有核心竞争优势的现代金融服务企业愿景为引领，以科学发展为主体，以转变发展模式为主线，创新驱动，转型发展
兴业银行	坚持稳中求进、稳中求好，合理控制业务增长速度，重在加大结构调整，提高资本收益和经营质量；围绕金融"市场化、脱媒化、网络化、订制化"的基本趋势，进一步加快转型创新步伐，培育新的业务和盈利增长点；与转型创新相结合，健全组织体系，完善管理机制，持续提升经营专业化和管理精细化水平
光大银行	坚持"稳中求进，内涵发展"的指导思想，在巩固传统优势的基础上，重点推进小企业业务发展，快速发展小微金融业务，大力发展电子银行业务，打造新的利润增长点

续表

华夏银行	坚定实施"中小企业金融服务商"战略，加快经营转型，深化结构调整，努力降本增效，实现服务专业化、业务品牌化、经营特色化、管理精细化，努力打造"华夏服务"品牌，建设具有鲜明品牌特色的现代化商业银行
平安银行	"中国领先的个人综合金融服务提供商"的战略目标

资料来源：根据各银行年报整理。

在战略执行层面，不少银行规定严格根据发展战略进行业务改革，实现差异化经营。此外，为完善战略管理体制，商业银行专门设立了战略决策部门和战略委员会，负责研究银行的战略发展规划、机构及业务发展规划和重大投融资方案等。目前来看，商业银行对发展战略的重视程度正不断加强。

（一）积极调整收入业务结构

多年来，我国商业银行享受着高于同业水平的利润，这一方面来源于自身的稳健经营，另一方面得益于中国严格的金融监管政策和较为封闭的金融市场环境。2013年7月20日开始，我国进一步打开利率市场化的"阀门"，取消金融机构贷款利率0.7倍的下限，标志着我国利率市场化进入一个新的阶段，也标志着传统靠净息差坐享丰厚盈利的经营模式的终结。同时，信托公司、证券公司、小额贷款公司乃至第三方支付公司都在积极争夺银行的客户和业务，"余额宝"等新兴互联网金融产品对银行业务产生前瞻性影响。在此背景下，银行更加关注轻资本型战略性业务和中间业务收入占比，不断推进业务结构调整。

2013年，各家银行的收入结构都有不同程度的改善，银行利息收入仍保持在高位，但增速放缓，中间业务收入占比上升，各项轻资产中间业务成为银行的战略重点。利息净收入增速最快的是渤海银

行，其利息净收入增速达 39.35%，最慢的是光大银行，增速仅为
1.19%（见图 1）。

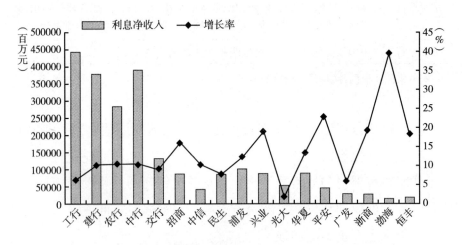

图 1　2013 年全国性商业银行利息净收入及其增长率

资料来源：根据各商业银行 2013 年年报汇总而得。

在中间业务方面，各大银行纷纷顺应客户综合化理财服务需求以
及居民消费升级所带来的机遇，大力拓展中间业务，手续费及佣金净
收入实现较快增长。总体来看，除渤海银行的手续费及佣金净收入占
比下降外，其他 16 家银行均较 2012 年普遍有所上升，而大型银行的
增速普遍不及股份制银行。这是因为，大型银行的中间收入占比普遍
较高，均在 20% 左右，2013 年增速较为缓和。在股份制银行中，民
生、广发和恒丰表现突出，其手续费及佣金占比均达到 26% 左右。
表现最差的是浙商，手续费及中间业务收入占比仅为 8.78%，虽较
2012 年有所增长，但仍远低于其他银行的水平，说明其中间业务发
展严重滞后（见图 2）。

在所有银行中，只有部分商业银行披露了分部报告，介绍了公
司金融业务、个人金融业务和资金业务的收入或利润。在有数据披
露的几家银行中，银行公司金融业务占比有不同程度的下降，个人

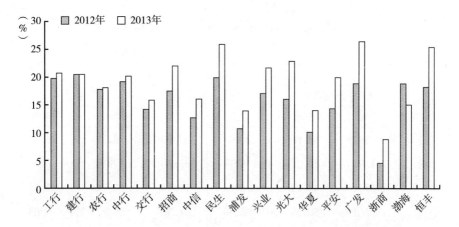

图2 2012年、2013年部分全国性商业银行手续费及佣金净收入占比

资料来源：根据各商业银行2012年、2013年年报汇总而得。

金融业务实现小幅攀升，反映了银行发展零售业务和资金业务的战略目标。其中，工行、农行、光大和招商的个人金融业务收入占比均超过30%，中行和交行也接近30%。招商的资金业务连年亏损，2013年的亏损幅度进一步增大，说明其对风险和投资收益的管理能力不佳（见表2）。

（二）支持小微企业融资

国家金融监管部门积极引导商业银行加强对国家重点建设项目、中小企业和"三农"的信贷支持力度，优化信贷结构，增强银行业为实体经济提供优质服务的能力。2013年，银行积极服务实体经济，满足以国家重点投资为主体的在建、续建项目的资金需求，加强对中西部和东北地区的信贷投放，大力拓展先进制造业、现代服务业、文化产业和战略性新兴产业融资市场。同时，加强地方政府融资平台贷款管理，控制对房地产和"两高一剩"行业的信贷投放，支持各类节能减排重点工程。

表2　2012年、2013年部分银行收入（利润）结构

单位：百万元，%

| | 2013年 | | | | | |
| | 公司金融业务 | | 个人金融业务 | | 资金业务 | |
	收入	比重	收入	比重	收入	比重
工行	281595	47.80	200007	33.90	93237	15.80
农行	251396	54.30	178914	38.70	27916	6.00
中行	196541	48.23	118761	29.14	67574	16.58
交行	179661	60.59	85740	28.90	26782	9.03
光大	40663	62.27	21377	32.73	3263	4.99
中信	68099	65.10	20468	19.60	13184	12.60
浙商	10691	39.67	2856	10.60	12148	45.07
	利润	比重	利润	比重	利润	比重
建行	145939	52.16	64635	23.10	69107	24.70
招商	50066	73.17	23186	33.88	−3567	−5.21
	2012年					
	公司金融业务		个人金融业务		资金业务	
	收入	比重	收入	比重	收入	比重
工行	285328	53.10	154035	28.70	90954	17.00
农行	247834	58.70	148162	35.10	23473	5.60
中行	186536	50.95	107260	29.30	50486	13.79
交行	162674	60.02	71659	26.44	33489	12.36
光大	40472	67.55	15989	26.69	3452	5.76
中信	63135	70.60	15220	17.00	10997	12.30
浙商	9215	42.80	2562	11.90	9012	41.86
	利润	比重	利润	比重	利润	比重
建行	118494	47.13	51663	20.55	76272	30.33
招商	44190	74.19	18707	31.41	−2759	−4.63

资料来源：根据各商业银行2012年、2013年年报整理而得。

全国性商业银行，或出于自身战略安排，或出于执行国家政策的需要，或出于执行"两个不低于"的监管政策，积极发展小微融资业务。大型银行响应国家政策号召，积极发展中小微企业，取得了不凡的成果。

由于贷款风险暴露日益集中以及国家产业政策的导向作用，一些股份制银行开始将目光转向小微企业。在小微企业贷款占比方面，浙商银行、中国民生银行、广发银行仍然具有明显的优势，充分体现了它们的战略考虑（见表3）。中信银行将小企业金融业务由公司金融板块调整至零售金融板块，将个人经营贷纳入小企业金融条线管理。中信银行在小微金融业务方面秉承"稳中求进、统筹规划、优化创新、综合经营"的发展思路，进一步完善体制机制，丰富产品体系，提高小微金融服务专业化水平。广发银行在34家分行设立了114家"小企业金融中心"，搭建了覆盖全国小企业重点发展区域的金融服务网络。浙商银行发行了15亿元的小微企业金融债专项用于小微企业贷款，进一步拓宽了小微资金的来源渠道；创新推出"随易贷"

表3　部分商业银行2013年小微企业贷款情况表

单位：亿元，%

	贷款余额	增长率	占比
浙商银行	722	23.24	33.32
中国民生银行	4047	27.69	25.71
广发银行	991	21.38	14.95
招商银行	3154	78.08	14.36
中国银行	9186	11.60	13.52
中国农业银行	8133	23.90	11.85
中国建设银行	9895	15.90	11.52
平安银行	871	56.00	10.28
中国光大银行	1145	80.72	9.82

资料来源：根据各商业银行2013年年报整理而得。

"余值贷""商位租金贷"，着力突破小微企业贷款抵押难、担保难、还款难问题；开始试点微贷业务，年末微贷业务余额近2亿元，户均余额30万元，业务重心进一步下沉。平安银行推出"贷贷平安商务卡"，一卡解决小企业存款、贷款、结算、理财等全方位的综合金融需求。

（三）开展线上线下渠道建设

在渠道建设方面，目前大型银行的网点分布广泛，布局基本完成，进入网点提升改造阶段；而股份制银行仍处在网点建设时期。

2013年，中国工商银行境内新增投入运营网点70家，全年完成370家低效网点的优化调整，并新建离行式自助银行2525家，使网点环境和功能布局进一步改善。中国建设银行深入推进营业网点综合化战略转型，于2013年末，综合性网点新增3189个，客户可在转型网点享受便捷舒适的"一站式"服务。中国农业银行遵循"控制网点总量，稳定乡镇网点，调整县城网点，优化城市网点"的原则，不断优化网点网络布局。全面推进网点标准化建设，启动"智慧网点"建设试点，深入推进网点转型。

招商银行提出了"人工网点＋电子银行＋客户经理"的"三位一体"渠道建设，以顺应未来商业银行以物理网点为支撑、以互联网金融为平台、以客户自助服务为主要特征的经营模式，并有12家分行获准开业，有2家分行获批筹建。中信银行2013年新建机构数量达189家，比2012年增长68.75%，包括地处西宁、银川的2家一级分行，13家二级分行以及174家支行，从而使其网点数超过招商银行，成为股份制银行之首。2013年，中国民生银行贵阳分行、三亚分行、拉萨分行顺利开业；中国光大银行先后有香港一级分行和锦州、南阳、包头、惠州、延边、南通、潍坊、榆林8家二级分行和70家营业网点开业；平安银行西安、苏州、临沂、乐山、襄阳5家分行及73家支行获准开业；广发银行新设立1家位于福州的一级分行和9家位于嘉兴、镇江、淮安、济宁、常德、三门峡、红河、喀什、齐齐哈尔的二级分行；浙商银行新设沈阳分行；恒丰银行先后设立了德州分行、潍坊分行、南通分行3家二级分行以及12家支行，营业网点进一步扩大，机构覆盖进一步优化。

相对于传统的线下渠道建设，新兴的线上渠道，包括网上银行、手机银行成为各行的最新战场，尤其是股份制商业银行。线上成本较低的特点或成为这些银行竞争优势来源。中国工商银行大力发展电子银行业务，截至2013年末，个人网上银行客户突破1.6亿户，移动银行、个人电话银行客户相继突破1亿户。电子银行交易额比2012年增长14.8%，电子银行业务笔数占全行业务笔数的比重比2012年提高5.1个百分点，至80.2%。手机银行客户数量比2012年末增长49.5%。2013年，中国建设银行个人网银和手机银行客户数分别较2012年增长25.78%和38.88%。

（四）推广社区银行为代表的小区金融

社区银行的概念来自于西方金融发达国家，凡是资产规模较小、主要为经营区域内中小企业和居民家庭服务的地方性小型商业银行都可被称为社区银行。在金融脱媒、利率市场化的背景下，社区银行受到了国内商业银行的青睐，商业银行建立社区银行的热情高涨。

2013年，中国民生银行积极有序地发展小区金融，以"便民、利民、惠民"为目标，依托社区简易型网点，从社区居民的需求出发，创新商业模式，形成小区智能化、便利式服务网络，为小区居民提供优质、便捷的金融服务。

中国民生银行提出，将集中财力、物力和人力，加快推进小区金融服务体系建设，深入小区，服务千家万户；推出智家产品系列，加快软件支持平台和非金融平台的建设，充分整合小区周边的特惠商户

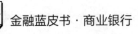

资源和小微客户资源，联合民生电商，上线小区金融网，真正为小区客户提供最贴近的便利服务。坚持小区金融战略不动摇，加快提升和完善小区金融的营销管理模式。

（五）积极拓展海外业务

2013 年，为把握中国企业"走出去"和人民币国际化的市场机遇，各大国有银行纷纷加快推进海内外一体化发展。大型银行在全球服务网络基本建成的基础上，持续完善境外机构的网络布局，进一步丰富和完善综合化服务体系。

中国银行近年来加强了其具有领先优势的国际业务，2013 年，新设了里斯本分行和乌兰巴托代表处，并在中国澳门、马来西亚、印度尼西亚、德国、意大利、俄罗斯、加拿大等地增设 9 家二级机构，从而使海外机构达 620 家，覆盖 40 个国家和地区。中国工商银行继续拓展其国际化战略，工银巴西正式对外营业，工银秘鲁、工银新西兰获颁经营牌照，从而使其 2013 年底的海外机构达到 329 个，覆盖了 40 个国家和地区。中国建设银行在国际化拓展中奋起直追，2013 年有俄罗斯分行、建行迪拜、中国台北分行、卢森堡分行、建行欧洲、大阪分行（二级分行）顺利开业，从而使机构数增加。部分银行的海外机构的贡献率见表 4。

表 4　部分银行的海外机构的贡献率

单位：%

	税前利润		资产		营业收入	
	2012 年	2013 年	2012 年	2013 年	2012 年	2013 年
中国工商银行	3.90	4.92	7.05	8.47	4.30	6.60
中国银行	18.59	19.38	24.73	27.72	17.34	17.73
交通银行	4.29	4.81	7.32	8.82	3.71	3.83
中国建设银行	1.26	1.39	3.71	4.76	1.41	1.77

资料来源：根据各商业银行 2012 年、2013 年年报整理而得。

一些股份制商业银行在海外拓展方面也很努力。招商银行新加坡分行获准开业，在股份制商业银行的国际化方面保持领先地位。中国光大银行香港分行开业，这意味着光大银行也迈出了国际化的第一步。

二　公司治理

公司治理事关对投资者及其他利益相关者的利益保护，目前国内监管部门和学术机构都有不少共识。监管部门非常重视商业银行的公司治理，陆续出台了不少商业银行公司治理的指导性文件。2013年，《商业银行监事会工作指引》《商业银行公司治理指引》相继出台，从而为商业银行公司治理建立了新的规则。当然，上市银行要遵守相应的上市公司的治理要求。截至2013年末，17家全国性商业银行中，已有13家银行成为上市公司，包括在香港与上海两个交易所同时上市的中国工商银行、中国银行、中国建设银行、交通银行、中国农业银行、中信银行、招商银行、中国民生银行；以及仅在上海或深圳上市的中国光大银行、平安银行、上海浦东发展银行、华夏银行和兴业银行。广发银行、浙商银行、恒丰银行和渤海银行尚未上市。

对银行公司治理的评价，可以从4个方面来进行：一是公司治理架构的完善程度，包括是否根据监管要求建立了完善的公司治理制度；二是公司治理是否按这套制度来执行；三是信息披露是否及时、全面和准确；四是公司履行社会责任情况。总体来说，随着监管部门对公司治理要求的提升及银行自身重视程度越来越高，银行的公司治理制度正在不断完善，信息披露的质量也在不断提高，而相应的治理制度的执行正在好转。

（一）公司治理框架基本完备

中国的商业银行治理模式基本是英美模式和日德模式的一个结合，在组织形式上表现为"三会一层"，即股东大会、董事会、监事会和高级管理层。为了协助董事会更好地进行决策，根据监管要求，各银行的董事会内部设立了各专业委员会来行使董事会相关的决策职能。为监督董事会的执行力，我国的商业银行将执行和监督职能分离，并成立了专门的监事会，行使监督职能。目前全国商业性银行监事会成员就有以下3类：外部监事、职工监事和股东代表监事。各类监事相互配合，保障多方群体利益。根据相关要求，董事会和监事会中必须有外部监事，银行公司治理安排指引要求独立董事和外部监事的人数都不得少于2人，而监事中还应有一定的职工监事和股东代表监事。此外，独立董事制度作为现代银行公司治理的一项非常重要的制度，要求"上市公司董事会成员中应当至少包括1/3独立董事"。

总体来说，全国性商业银行公司治理结构基本符合要求。然而，还有一些银行或多或少地没有达到相应的规范要求。独立董事制度是为了保护中小股东利益而制衡大股东利益的一种安排，必须满足一定的人数要求才能取得效果。从独立董事比例来看，在报告期间，独董人数占董事会成员人数比例符合超过1/3规定的有工行、建行、中行、招商、中信、浦发、华夏、平安、广发、渤海，恰好满足1/3要求的有农行、交行、民生、兴业和光大，而浙商和恒丰的独立董事人数比例都没达到1/3（见表5）。建行的独立董事比例最高，达到41.18%。我国全国性商业银行中13家上市银行现均已满足独立董事比例要求。而对于职工监事和外部监事的要求，仅农行未能满足不少于2名外部监事的要求。

表5　全国性商业银行董事会与监事会结构

单位：人，%

银行	董事会人数	独立董事人数	独董比例	监事会人数	外部监事人数	职工监事人数
工行	15	6	40.00	6	2	2
建行	17	7	41.18	9	2	4
农行	15	5	33.33	7	1	4
中行	13	5	38.46	8	2	3
交行	18	6	33.33	13	2	4
招商	17	6	35.29	9	3	3
中信	14	5	35.71	6	2	2
民生	18	6	33.33	8	2	3
浦发	18	7	38.89	8	3	2
兴业	15	5	33.33	9	3	3
光大	15	5	33.33	11	2	4
华夏	18	7	38.89	11	2	3
平安	19	7	36.84	7	2	3
广发	15	6	40.00	8	2	3
浙商	16	4	25.00	11	3	4
渤海	14	5	35.71	5	2	2
恒丰	12	1	8.33	5	—	—

注："—"表示年报中没有披露监事的相关情况。

资料来源：根据各商业银行2013年年报整理而得。

（二）董事会履职及内部组织情况

董事出席董事会会议是最基本的义务。根据监管要求，董事会会议每个季度召开一次，这是最低要求，有些银行（如恒丰银行）就只满足这一基本要求。根据公司治理指引和公司章程要求，董事必须保证参与董事会会议的时间。独立董事出席董事会议、表达意见的情况也应是衡量公司治理情况的重要标准之一。考察董事会成员亲自出席会议的频率应当是衡量公司治理情况的重要方面，虽然董事可以委托其他董事代为出席、投票表决有关决议，但亲自出席被视为董事履职的重要表现。在界定亲自出席时，通过视频、电话等实时通信手段表达意见、发表决议也被包括在内，农行、工行等就采取了上述通信手段，提高了董事的亲自参与率，但有些银行却似乎没有利用这种方式。而从各银行2013年年报可以看到，银行董事出席会议情况各异（见表6）。就董事亲自出席董事会的比例而言，除浙商、渤海、恒丰没有披露数据外，其他银行董事亲自出席董事会的比例都在70%以

表6 董事亲自出席会议率

单位：次，%

银行	董事会次数	现场会议次数	董事亲自出席率	独董亲自出席率
工行	11	—	85.09	88.64
建行	7	—	72.70	71.43
农行	10	—	85.50	89.38
中行	19	8	94.74	100.00
交行	8	7	92.24	83.33
招商	17	5	72.90	80.79
中信	13	5	86.01	—
民生	7	—	78.57	100.00
浦发	12	5	81.82	81.25
兴业	8	5	76.83	83.75
光大	14	7	83.85	—
华夏	6	2	80.56	83.33
平安	7	—	77.53	80.36
广发	10	—	100.00	100.00
浙商	12	—	—	—
渤海	—	—	—	—
恒丰	4	4	—	100.00

资料来源：根据各商业银行2013年年报整理而得。

上，广发银行的董事亲自出席率甚至达到100%。近年来，各银行越来越注重独立董事履行职责情况，以保护中小股东权益，每家银行的年报都披露了独立董事出席董事会的情况，大多数银行还对独立董事履职情况单独进行信息披露。从表6可以看出，各大银行中独立董事亲自出席董事会的比例都很高，中行、民生、广发和恒丰4家银行独立董事亲自出席董事会的比例都达到了100%。

但出席率高并不绝对意味着有效出席率高，与会董事应认真参加董事会会议，审议各项议案，积极参与讨论，充分表达意见，提出专业性建议，勤勉尽责，不能使董事会流于形式。从2013年各行年报中公布的董事会决议来看，绝大多数银行的董事会决议事项没有受到任何异议，获得了投票董事的全票通过。在现实的公司运作过程中，我们不否认事先董事长以及董事会办公室与董事的沟通对于保证决议的顺利通过起到了关键性作用，在这种情况下，董事会也许只是一个例行的程序而已。然而，所有议案都一致通过并不太正常。其实，存在一定的反对票和弃权票是公司民主和公司治理良好的体现。

（三）信息披露质量

信息披露既是银行公司治理的重要内容，也是银行监督的重要举措。信息披露得及时、全面，有助于投资者和债权人及其他利益相关者了解银行经营，是对投资者及其他利益相关人的尊重，有助于保护投资者和存款人的利益。各银行通过定期报告、临时公告、公司治理文件、股东大会通函、委任表格及回条等形式及时披露信息，而年报是银行公司信息最集中的反映。

各银行严格按照《商业银行信息披露办法》和各银行自己设立的信息披露制度的要求，不断延伸信息披露的深度和广度，保证信息披露的透明化、规范化和专业化。在2013年年报报告期内，一些全国性商业银行加强了信息披露的制度建设。

总体来看,上市银行的信息披露比非上市银行更加全面和详尽。在上交所或深交所上市的银行,其年报信息披露必须满足中国证监会相应的监管要求,而在内地与香港同时上市的公司则要同时满足内地与香港的监管要求。而由于香港对信息披露的要求较严,在内地与香港同时上市的银行信息披露又要比仅在内地上市的银行做得更好,投资者显然能因此了解更多的信息。

公司治理是否完善是投资者关心的重大问题,投资者关心董事会及其专门委员会是否尽职履行了相应的职责。公司治理信息披露方面,在全国性商业银行中,所有在境内上市的银行的年报都达到了《年度报告的内容与格式》中披露董事会下设的审计委员会和薪酬委员会的履职情况汇总报告的要求。而中国工商银行等在两地同时上市的银行则对所有专业委员会会议出席情况都进行了详细的披露。

每家银行年报中"管理层讨论与分析"部分分节讨论的大体框架一致,主要包括经济金融与监管环境分析、财务报表分析、业务综述、风险管理、资本管理及未来战略发展展望等,年报就每一分节都进行了非常详细的阐述,银行相关利益者可以从中获得所需信息。而在基本框架相同的基础上,各银行在此部分还突出了自身的特点。例如,农业银行在此部分就介绍了县域金融项目,突出了农行在县域市场的领先地位和主导优势。工商银行还披露了《商业银行资本管理办法(试行)》实施准备情况,突出了工商银行对全面风险管理的重视,展示出继续保持操作风险管理同业领先水平的决心。

在这一项上,非上市银行的信息披露不够。渤海银行、广发银行仅披露了所有董事、监事和高级管理人员领取的税前报酬总额,恒丰银行则仅概要指出建立了高级管理人员薪酬与责任、风险、经营业绩相挂钩的考核机制,并未披露具体的高管薪酬情况。

（四）银行履行社会责任情况

随着经济的快速发展，努力关注更广泛的利益相关者的利益、承担更多的社会责任，日益成为中国企业共同的选择。就银行业而言，上市银行也都在追求业绩增长、实现快速发展的同时，相继把社会责任提升到了一个前所未有的高度，强调在履行经济责任之外，还要承担社会责任，致力于公益事业，"责任银行，和谐发展"正日益成为中国银行业的愿景。

履行社会责任的情况直接体现在企业社会责任报告中。2013 年，除兴业银行外的 12 家上市银行和渤海银行共 13 家相继发布了当年的社会责任报告。

1. 服务实体经济层面

2013 年，各家银行顺应国内经济逐步转入常态运行的实际需要，实施合理均衡增长的信贷政策，促进经济增长方式转变，积极支持战略性新兴产业发展，继续加大对中国最具活力的中小微型企业的支持力度。

农业银行积极服务实体经济，加强对重大项目和重点区域的项目营销和信贷投放，加大对上海自贸区、棚户区改造项目、旧城改造项目等的金融服务力度。把握新型城镇化的发展机遇，提升城市基础设施建设综合金融服务能力。加大对优质小微企业的信贷支持力度，提升小微企业的金融服务能力。民生银行积极制定政策措施，贯彻"准法人、专业化、金融资源整合、金融管家团队"四大原则，对事业部运行模式进行全面的创新和改革，充分发挥事业部的发展动力和创新能力，逐步从传统的存贷款模式向专业化投行转型，同时推进分行转型，以更高效的金融服务推动实体经济发展。

2. 环境层面

2013 年，不少银行积极响应国家宏观政策，推行绿色信贷、发展网上银行和电话银行服务，支持节能环保项目，开发环保新产品，持续开展绿色金融服务，坚持推进自身和社会的低耗、高效、可持续发展。农行重点推广绿色信贷，提供绿色服务，坚持无纸化绿色办公，积极推进绿色金融创新，开展环保活动。

3. 社会层面

2013 年，各银行依旧热心公益事业，全面支持教育、文化等社会事业发展，努力回报社会。在各家银行实现税后利润规模高速增长的同时，各银行也从增长的利润中拿出更多的部分用于公益事业（见表7）。

表7   2013 年部分商业银行公益捐赠统计表

银行	公益捐资总额（万元）	净利润（亿元）	公益捐赠占净利润比例（％）
建行	4900	2151.22	0.02
农行	5033	166.21	0.30
交行	3082.77	62.46	0.49
民生	32300	422.78	0.76
兴业	5500	415.11	0.13
浙商	447.90	49.01	0.09
恒丰	949.98	69.21	0.14

资料来源：根据各商业银行 2013 年年报及社会责任报告整理而得。

其中，表现最突出的民生银行，其从 422.78 亿元的净利润中拿出 3.23 亿元进行社会公益活动，促进贫困地区经济发展、捐助教育科研卫生事业、支持文化事业。在全国性商业银行中，民生银行 2013 年公益捐赠总额最高，捐赠额占其利润的比重也排在第一位，达到了 0.76％，该比例远远高于位列第二的交通银行。

交通银行拿出净利润的 0.49％用于向社会公众传播金融安全、金融风险防范知识，开展定点扶贫，参与灾后重建，开展志愿活动等。

2013 年，建设银行联合多家公益机构共同开展"积分圆梦 微公益"活动，通过建立龙卡持卡人积分捐赠平台，将社会各界爱心人士捐赠的建行信用卡积分用于开展公益活动。

三 风险管理

风险管理能力是银行良好运行的重要保证。我们从风险管理组织架构、风险管理措施与技术、宏观环境形势变化与银行应对、重点风险管理等方面进行点评。

（一）风险管理组织架构

2014 年，中国银行业监督管理委员会（以下简称银监会）根据《商业银行资本管理办法（试行）》（以下简称《资本办法》），核准了 6 家全国性股份制商业银行（工商银行、建设银行、农业银行、中国银行、交通银行、招商银行）实施资本管理高级方法。《资本办法》是中国版的巴塞尔协议，是对巴塞尔资本协议 II 和巴塞尔资本协议 III 的有效整合。《资本办法》的实施对于中国银行业的意义在于以下几点。

首先，有利于中国银行业风险管理水平的提高。《资本办法》的实施，使银行的风险管理更加系统化、一致化、精细化，推动我国银行业风险管理从定性为主转变为定性与定量相结合，并将风险计量结果深入应用于贷款审批、定价、绩效考核等日常经营管理。

其次，有利于中国银行业监管效率的提高。《资本办法》的实施，为监管者提供了有力的监管工具箱，使监管从定性监管转为定性与定量相结合的监管，从不良率等事后监管指标向评级分布、违约率等事前监管指标转变，从监管资本充足率的结果向计算过程转变，有效提高了监管的前瞻性、客观性和主动性。

最后，有利于国际义务的履行。中国作为G20、金融稳定理事会及巴塞尔委员会的成员国，有义务实施巴塞尔资本协议Ⅱ和巴塞尔资本协议Ⅲ。《资本办法》的实施和核准实施高级方法，意味着巴塞尔资本协议Ⅱ和巴塞尔资本协议Ⅲ在我国得到全面实施。

建设银行董事会按公司章程和相关监管要求规定履行风险管理职责。董事会下设风险管理委员会，负责制定风险战略，并对实施情况进行监督，定期对整体风险状况进行评估。监事会对全面风险管理体系建设及董事会、高管层履行全面风险管理职责情况进行监督。高管层负责执行董事会制定的风险战略，负责集团全面风险管理工作的组织实施。高管层设首席风险官，在职责分工内协助行长组织相应的风险管理工作。在综合管理部门运营方面，风险管理部是全行业务风险的综合管理部门。信贷管理部是全行信用风险的综合管理部门。授信审批部是全行信用业务授信、审批的综合管理部门。内控合规部是操作风险和内控合规的牵头管理部门。通过完善风险评级体系，形成了覆盖非零售、零售、小微企业的风险评级体系。针对不同客户群的特点，建立了27个非零售客户信用评级模型，划分零售资产池512个。

农业银行强化了"大风险"管理理念，将表内与表外、境内与境外、母子公司各类风险全部纳入风险管理范畴，不断延伸风险管理触角，进一步完善了全面风险管理框架。2013年，农业银行持续优化和调整二级分行和支行的风险管理组织架构，进一步下沉风险管理中心，推进基层风险管理组织职能的整合。优化二级分行风险管理部岗位设置，加强人员配置，强化全面风险管理职能。

2013年，中信银行建设了全面、统一、独立的风险管理体系。在风险管理组织架构方面，设总行首席风险官，全面负责风险管理。优化各类风险的管理职责分工，明确各类风险的牵头管理部门，将理财、债券承销、零售信贷风险管理等全面纳入全行统一的风险管理体系。分行设风险管理总监，风险管理总监向首席风险官负责，以加强对风险的垂直管理。对分行风险总监建立双线汇报、双线考核的管理机制。

从2013年各银行的风控水平来看，逾期贷款率方面，各银行表现不一致，其中，逾期贷款率较高的5家银行分别是平安银行（3.19%）、广发银行（2.61%）、光大银行（1.85%）、中信银行（1.83%）、民生银行（1.74%）。不良贷款率方面，受部分中小企业及高耗能产业经营环境影响，2013年各商业银行风控压力有所增加，但总体处于可控水平。全国性股份制商业银行中，除农业银行（1.22%）、交通银行（1.05%）和中信银行（1.03%）外，其他14家银行的不良贷款率均控制在1%的范围内。拨备覆盖率方面，中小型股份制商业银行的拨备覆盖率较高，而四大国有银行中除农业银行（367.04%）外，其他3家均低于300%，全国性股份制商业银行中拨备覆盖率较高的前5家为渤海银行（852.28%）、农业银行（367.04%）、兴业银行（352.10%）、恒丰银行（334.06%）、浙商银行（329.21%）（见表8）。

表8 2013年全国性股份制商业银行不良贷款率统计表

单位：%

银行	逾期贷款率	不良贷款率	拨贷比	拨备覆盖率
工商银行	1.35	0.94	2.43	257.19
建设银行	1.01	0.99	2.66	268.22
农业银行	1.40	1.22	4.46	367.04
中国银行	1.16	0.96	2.20	229.35
交通银行	1.41	1.05	2.24	213.65
招商银行	1.50	0.83	2.22	266.00
中信银行	1.83	1.03	2.13	206.62

银行	逾期贷款率	不良贷款率	拨贷比	拨备覆盖率
民生银行	1.74	0.85	2.21	258.74
浦发银行	1.30	0.74	2.36	319.65
兴业银行	1.06	0.76	2.68	352.10
光大银行	1.85	0.84	2.07	241.02
华夏银行	1.60	0.90	2.73	301.53
平安银行	3.19	0.89	1.79	201.06
广发银行	2.61	0.87	1.56	180.17
浙商银行	0.46	0.64	2.11	329.21
渤海银行	0.57	0.26	2.22	852.28
恒丰银行	0.87	0.96	3.21	334.06

资料来源：根据各商业银行 2013 年年报整理而得。

（二）风险管理措施与技术

银行的风险管理措施直接影响银行资产质量，以下针对具体风险，对各个银行的风险管理措施做相应的分析与评价。

1. 信用风险管理措施与技术

信用风险是指因债务人或交易对手违约或其信用评级、履约能力降低而造成损失的风险，也是大多数银行面临的主要风险。

2013 年，建设银行信用风险管理以防范和化解重点区域、重点领域、重点客户潜在风险，保持资产质量持续稳定为核心，强化日常监测与事前预警提示，加强对重点行业、重点领域的风险排查，建立信用风险化解工作机制，及时有效处置和化解信用风险，资产质量持续保持稳定。建设新设信贷管理部，统一牵头全行信贷政策、信贷制度、押品管理和贷后管理等工作，提升风险缓释效果，强化信用风险管理和信贷业务流程管控，提升信贷服务质量和效率，促进信用风险管理的主动性、专注性和有效性。

交通银行注重风险计量高级方法的开发，显著提高了计量风险的精细化水平，使其能够更加客观、准确地分析和评估实际风险状况。信用风险计量方面，交通银行已开发完成包括违约概率（PD）、违约损失率（LGD）、违约风险暴露（EAD）、期限（M）指标在内的内部评级模型，建立起包括 16 级 PD 和 5 级 LGD 的两维主标尺以及由上述风险参数计算的风险加权资产（RWA）、预期损失（EL）、风险调整后资本收益率（RORAC）等工具。报告期末，该行有效运行的信用风险计量模型和评分卡近 70 个，覆盖了内地分行的公司、零售业务以及香港分行的公司业务。

光大银行动态调整信贷政策，推进信贷结构调整。公司坚持金融服务实体经济，围绕经济结构调整和转型升级，适时调整信贷投向政策，大力发展小企业、小微、零售业务，加大对民生消费、转型升级等板块的支持力度，积极支持绿色经济、循环经济、低碳经济发展；采取行业组合限额、名单制管理等措施严格控制产能过剩行业贷款投放；建立信贷投向政策执行评价体系，对政策执行情况按季进行评价。

恒丰银行 2013 年开发了制造业、批发零售业、建筑业、其他行业（不含房地产）4 个行业评级模型以及事业法人客户、专业贷款评级模型，并正式上线运行；加强对逾期欠息及不良贷款的管理。加强十级分类信息应用，注重存量贷款质量的迁徙变化，加大贷后风险排查力度，积极支持分行通过重组、资产转让、授信平移等效率较高的方式化解风险业务，加大对逾期欠息及不良贷款的清收力度；将同业授信、债券投资、票据贴现、表外授信、理财投资、国别风险等全部纳入信用风险管理范畴，通过授权管理及限额管理方式，逐步完善统一授信管理理念；积极组织开展压力测试工作，对整体信用风险、房地产相关行业贷款、政府融资平台贷款、产能过剩行业贷款等重点行业和领域组织开展压力测试，深入分析压力情景下公司资产变动情况，评估公司资产的抗风险能力。

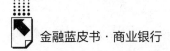
2. 利率风险管理措施与技术

利率风险是指利率水平、期限结构等要素发生不利变动导致银行账户整体收益和经济价值遭受损失的风险。随着利率市场化的到来，利率风险管理对于商业银行的重要性大大提升。

2013 年，工商银行在利率风险管控方面的重点是继续完善集团口径利率风险并表管理框架，加强对集团口径报表的分析与应用，实现对利率风险的精细化管理；持续完善集团产品控制管理体系，逐日逐笔开展业务对账、估值验证、损益分析、价格监测等产品控制工作，加快全球产品控制系统（GPC）在境外机构的应用；积极推进利率风险内部模型法实施准备工作，提高利率风险内部模型的自主研发能力，优化利率风险计量模型和数据管理，深入推广内部模型法的核心应用；加快全球市场风险管理系统（GMRM）向海外延伸，扩展市场风险计量与监控范围，为资本管理高级方法实施奠定基础。

建设银行通过调整信贷结构、适时调整投资策略、优化投资组合结构等手段，加强对净利息收益率的管理。同时，积极应对利率市场化挑战，采取标准化和差异化相结合的定价策略，根据市场变化及时调整内外部价格及授权，提升全行存贷款定价能力。综合运用利率敏感性缺口、净利息收入敏感性分析、情景模拟和压力测试等多种方法开展定期分析，整体利率风险水平控制在设定的边界范围内，净利息收益率保持稳定。利息净收入敏感性分析基于两种情景，一是假设存放央行款项利率不变，所有收益率曲线向上或向下平行移动 100 个基点；二是假设存放央行款项利率和活期存款利率均不变，其余收益率曲线向上或向下平行移动 100 个基点。

农业银行将利率风险归于市场风险管理范畴，采用风险价值（Var）、限额管理、敏感性分析、久期、敞口分析、压力测试等多种方法管理交易账户市场风险。采用历史模拟法（选取 99% 置信区间、1 天的持有期、250 天历史数据）计量农业银行总部、境内分行、部分境外分行交易账户风险价值。根据境内外不同市场的差异，选择合理的模型参数和风险因子以反映真实的市场风险水平，并通过数据验证、平行建模以及对市场风险计量模型进行返回检验等措施，检验风险计量模型的准确性和可靠性。

中国银行主要通过利率重定价缺口分析来管理银行账户所承受的利率风险。利率重定价缺口分析用于衡量在一定期限内需要新定价的生息资产和付息负债的差额，同时也利用利率重定价缺口分析并考虑表外业务的影响来计算盈利对利率变动的利率风险敏感度指标。中国银行通过衡量利率变动对净利息收入的影响进行敏感度分析。该分析假定所有期限利率均以相同的幅度变动以及资产负债结构保持不变，未将客户行为、基准风险后债券提前偿还的期权变化考虑在内。在假定所有货币收益率平行移动的情况下，中国银行主要通过利率重定价缺口分析来计算2013年净利息收入的变动，并根据市场变化及时对负债结构进行调整，将净利息收入波动控制在可接受水平。中国银行管理层设定了净利息收入变动对净利息收入预算的比例限额，由董事会审批，由财务管理部每月进行检测。

交通银行持续改进利率风险管理的系统方法，基于应对2013年6月"钱荒"的经验，交通银行改变了以往根据市场风险资本金测算范围分别管理银行账户和交易账户利率风险的形式，改为从整体出发，系统管理利率风险，做好压力测试工作。同时，交通银行加强跟踪分析重定价缺口，将利率敏感性产品分为法定利率产品和市场化利率产品，提升专业化管理水平。

民生银行按照银行账户与交易账户分别设置市场风险限额等进行风险管理。根据业务发展规划制定《中国民生银行2013年度市场风险限额》用于银行账户和交易账户风险管理，以落实董事会风险偏好和业务战略导向。其中，银行账户通过管理其利率重定价风险、银行账户投资组合风险、汇率风险等进行风险管理。交易账户通过管理其交易账户的利率风险、汇率风险、股票风险和商品风险，以及与交易账户风险相关的流动性风险和信用风险进行风险管理。

浦发银行主要通过每日风险价值计量、返回检验、压力测试、敏感性分析、限额管理等手段对交易账户进行市场风险管理；制定了涉及风险价值计量、模型验证、数据管理等方面的配套制度；完善了交易对手信用风险监测及计量体系，实现了对特定风险及衍生产品表外风险暴露的计量；建立市场风险"限额监测指标"体系，提高市场风险限额管理和监控的精细化程度，进一步完善市场风险的管理手段，不断提升对市场风险的识别、计量、监测和控制能力。

3. 流动性风险管理措施与技术

流动性风险是指虽然有清偿能力，但无法及时获得充足资金或无法以合理成本及时获得充足资金以应对资产增长或支付到期债务的风险。流动性风险是因资产与负债的金额和到期日错配而产生的。2013年经历了6月20日"钱荒"的洗礼，银行的流动性管理意识得以加强，流动性风险管理也得到了重视。

农业银行调整和优化资产负债结构，稳定存款来源，确保市场融资渠道畅通，保持适当的优质流动性储备资产占比，满足客户支付需求；加强对资金头寸的实时监控与灵活调剂和调度，确保备付金充足，并提高资金运营效益，有效应对了2013年年中以来的市场流动性紧张的局面；强化流动性监测、预警、报告，确保流动性风险应对的及时性和有效性；开展流动性应急演练和压力测试，确保在压力状态下流动性风险处置的迅速高效。

中国银行将流动性风险管理作为资产负债管理的重要组成部门，以资产负债综合平衡的原则确定资产负债规模、结构和期限；建立流动性组合以缓冲流动性风险，调节资金来源在数量、时间上的不平衡；完善融资策略，综合考虑客户风险敏感度、融资成本及客户资金来源集中度等因素，优先发展客户存款，利用同业存款、市场拆解等市场化融资方式来动态调整资金来源结构。中国银行于2013年在资产管理部设立了独立的团队对流动性风险来源进行日常检查以保持货币品种、区域、提供方、评聘和条款等方面的多样化。财务管理部每月对流动性到期日进行分析，并每日对净流动性敞口进行估计。集团层面按季度进行流动性压力测试。

招商银行对流动性风险采取总行统筹、分行配合的模式进行管理。总行计划财务部作为全行的司库负责具体的日常流动性风险管理工作。司库负责按监管要求和审慎原则管理流动性，通过限额管理、计划调控以及内部资金转移定价等方式对流动性实行统一管理。银行从短期备付和结构及应急两个层面，计量、监测并识别流动性风险，按照固定频度密切监测各项限额指标，定期开展压力测试评判自身能否应对极端情况下的流动性需求。此外，招商银行制订了流动性应急计划、开展了流动性应急演练，以防止流动性危机的发生。

浙商银行坚持以谨慎性原则管理流动性风险，强化日常资金头寸监测，将流动性日常管理与分析预判相结合；制定具有前瞻性的资产负债管理策略，根据资产负债期限与业务结构，把握市场节奏，合理安排业务发展。继续控制期限相对较长的地方政府融资平台贷款与房地产行业贷款的增长，同时鼓励小企业特色业务发展；加强同业授信管理，扩大同业授信额度与交易对手队伍，积极拓展融资渠道，提高市场融资能力。

4. 操作风险管理措施与技术

操作风险可以分为由人员、系统、流程和外部事件所引发的四类风险，并表现为七种形式：内部欺诈，外部欺诈，聘用员工做法和工作场所安全性，客户、产品及业务做法，实物资产损坏，业务中断和系统失灵，交割及流程管理。

总体而言，工商银行、建设银行、农业银行、中国银行、交通银行、招商银行这六家银行在《商业银行资本管理办法（试行）》的指导下，由董事会按照简章履行操作风险管理有效性的相关职责，由高级管理层负责执行董事会批准的操作风险管理战略、总体政策体系。此外，值得注意到的是，交通银行根据国内外监管要求，研究制订了集团恢复与处置计划，整体性风险应对和处置能力再上新台阶。交通银行恢复与处置计划首创了"1＋N"模式（其中"1"代表集团整体的恢复与处置计划，"N"代表各海外机构在集团恢复与处置框架下根据当地监管机构要求制订的自身恢复与处置计划），以灵活、有效应对跨国经营中多国监管机构的要求。

中小型股份制商业银行方面，民生银行以深入推进操作风险管理工具的全面应用为重点，进一步完善操作风险管理制度体系，通过培训、宣传等各种方式使良好的操作风险管理文化和意识在银行内部持续渗透。2013年，民生银行制定并下发了《中国民生银行业务连续性管理办法（试行）》《中国民生银行操作风险管理评价办法（试行)》《中国民生银行信用与金融资产服务业务资产风险突发事件应急管理办法》等制度；利用操作风险管理信息平台和操作风险管理工具，组织公司内部各机构和各级员工开展对日常所面临操作风险的识别、评估、监控和报告工作。

兴业银行启动了操作风险项目暨合规、内控与操作风险三项管理整合项目，按照实施新资本协议的相关监管要求，开展同业及外部公司方调研，充分借鉴国内同业的良好实践，设计完成一套适用于本银行的操作风险项目暨合规、内控与操作风险三项管理整合项目实施方案，内容涵盖操作风险基本政策、管理工具运用、资本计量、外包风险管理、业务连续性管理等方面。

广发银行推进操作风险管理体系完善与管理建设工作，开发、上线了内控与操作风险管理信息系统，有效支持了全行操作风险管理工具和实施工作。同时，建立了风险与控制自我评估、关键指标监测、损失事件收集管理等操作风险管理工具，为识别、评测、监控、缓释、报告操作风险提供了统一的方法和流程，提高了广发银行操作风险的管理意识和管控能力。

5. 声誉风险管理措施与技术

声誉风险主要指由商业银行经营、管理及其他行为或突发事件导致媒体关注或形成报道，可能对银行形象、声誉、品牌价值造成负面影响或损害的风险。

2013年，各家全国性股份制商业银行均完善了自身的声誉风险管控体系，就风险的识别、评价、监控、管理、缓释、舆论六个环节进行了重点管理建设。

工商银行全面排查声誉风险，着重加强声誉风险因素的事前控制和缓释，把声誉风险管理工作的立足点放在保护消费者权益、提升服务水平和加强内部管控上。关注微博客、微信等新型传播形态对声誉风险管理的影响，研究传播格局新变化，制定相应的声誉风险管理策略。

农业银行开展组织声誉风险排查，查找分行和业务条线的潜在声誉风险点，强化分行和业务条线的舆情研判和应对指导，做好风险隔离。加强与监管部门、风险管理部门在声誉风险防控及舆情发展形势等方面的沟通交流，积极开展 ICAAP 项目声誉风险的研究，提升声誉风险管理理论水平。开设"中国农业银行"品牌官微、电子银行和信用卡两个业务营销官微以及客服中心官微，试点九家一级分行官方微博建设。

兴业银行制定了《声誉风险管理子战略》和《声誉风险管理制度》，将声誉风险管理纳入公司治理及全面风险管理体系，进一步明确各个层级和部门的职责分工，实行分级分类管理，加强对声誉风险的有效防范和控制。公司重视对声誉风险的主动防范，在舆情监测、客户投诉、信息披露等方面已经建立起相应的管理模式及工作机制，可以针对声誉事件及时启动相应的应急预案，予以有效处置。公司将

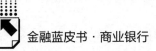

声誉风险管理纳入分行风险管理及合规经营与内部控制综合考评，以有效促进基层经营机构强化声誉风险管理。

浦发银行围绕战略规划和重点工作，积极开展新闻宣传和声誉风险管理，稳步提升正面新闻宣传数量和质量，积极有效地处置个别声誉风险事件，有效管理包括并表范围内所有机构的声誉风险，使声誉风险的管理意识、手段和水平持续提升。

四　信息技术

（一）IT 系统建设情况

信息技术部门是银行维持竞争力的绝对核心部门之一，各家银行在这方面的投入都非常可观。信息技术的发展对银行的快速转型以及市场占有率的保有及开拓都有建设性的帮助。在大数据的平台基础上，通过对信息技术应用与研发的大量投入，银行在业务创新与推广、渠道开拓与维护、决策分析与风险控制方面都收获了实质性的进步。

1. 银行的科技水平

中国人民银行公布的 2013 年度银行科技发展奖获奖结果在一定程度上反映了商业银行 IT 建设的新发展。由于信息技术建设需要雄厚的资金支持和专业人才储备，2013 年各商业银行获奖格局与其资源拥有及投入量呈正比，大型商业银行在获奖数量方面占据绝对比重。全国性商业银行共计有 12 家获奖。大型银行方面，工商银行获 9 项、建设银行获 6 项、农业银行获 9 项、中国银行获 8 项、交通银行获 6 项，其中在全国性商业银行中获得一等奖的银行仅有工商银行和建设银行（各 1 项）。相比 2012 年，招商银行、中信银行、平安银行、兴业银行的获奖项目在 2013 年都取得了进步。

表9 2013年各商业银行科技成果获奖统计

单位：项

银行	特等奖	一等奖	二等奖	三等奖	合计
工商银行	0	1	6	2	9
建设银行	0	1	1	4	6
农业银行	0	0	5	4	9
中国银行	0	0	3	5	8
交通银行	0	0	2	4	6
招商银行	0	0	4	3	7
中信银行	0	0	1	7	8
兴业银行	0	0	2	6	8
光大银行	0	0	3	4	7
华夏银行	0	0	1	3	4
平安银行	0	0	2	4	6
广发银行	0	0	0	3	3

资料来源：中国人民银行网站，http：//www. pbc. gov. cn/publish/main/527/2014/20140603144651001226572/20140603144651001226572_ . html。

2. 大型银行的 IT 系统建设

大型银行依托其规模、资源优势，在信息技术的研发与应用方面始终走在前列。

2013 年，工商银行在国内金融同业中率先成功实施了主机系统的切换测试，切换时间控制在分钟级，提高了业务连续性水平。全面建成客户端安全防护技术体系，对个人信贷等业务条线的应用系统实施信息分级保护。积极推进信息系统自主可控建设，成为金融同业中首家自建的电子银行认证系统及密码算法通过国家安全审查的商业银行。深化产品研发管理，加强产品前瞻性研究和创意源头管理，快速响应市场热点，提高产品服务能力。持续完善产品管理工作机制，优化产品管理系统，加强产品跟踪评价，持续开展产品运营态势分析，明确产品退出机制。坚持自主研发原则持续推进应用创新，在客户服务、国际化信息系统建设、经营管理等领域推出多个基础服务平台和产品。按照统一展示、统一使用、统一核算的要求，整合个人客户综合积分体系。构建支持多维度、差异化的利率管理、产品创新和客户服务技术体系，为全面应对利率市场化改革奠定基础。第一家智能网点设在江苏，第一批使用 4G 通信技术的自助银行在四川和浙江投入运营。加快综合化子公司信息系统建设，实现数据源入库和客户信息的集中管理。初步建立了面向非结构化数据的信息库平台，开展了针对大数据的分析挖掘试点。2013 年，工商银行获得国家知识产权局专利授权 83 项，拥有专利数量达 307 项。

建设银行新增证券业务系统、"悦生活"服务平台功能，优化"善融商务""学生惠"产品，推进利率市场化系统改造和央行公共服务平台（MTPS）移动支付平台接入，在业界首次推出了具备公交、地铁、出租车等全面应用功能的 IC 卡移动支付产品——"蓉城卡"，做好对公客户评级主标尺、小微企业行为评分卡及零售分池优化，完成海外核心系统及周边系统在海外新设机构的推广上线，持续释放一批满足市场竞争、风险控制、监管要求的业务功能，有力地支撑了全行业务发展。加强知识产权保护，全年共获得国家知识产权局专利 5 项，累计获得专利 42 项。全年获得国家版权局软件著作权登记 63 项，累计获得 129 项。2013 年各系统运行稳定，重要系统可用率均达到 99.99%，其中核心业务系统、网上银行等关键系统的可用率均为 100%，生产事件等级和数量得到有效控制。电子银行业务迅猛增长，带动各重要系统交易峰值全面上扬，核心银行业务系统日交易量峰值达到 33019 万笔，同比增长了 51.90%。

农业银行落实"科技先行"战略，加大 IT 产品研发和创新力度，加强信息系统生产运行管理，持续提升 IT 治理水平，为全行业务发展提供了有力的技术支撑。2013 年，农行获得国家知识产权局专利授权30项。组织实施了一系列重点IT工程建设，不断提升金融服务和精细化管理水平。结合农业银行业务特色，将IC卡发卡与民生、社保、企业服务等行业相结合，推进了农业银行IC卡的行业应用。支持移动金融服务渠道多样化，优化升级掌上银行、企业网银和个人网银功能，推出信用卡微信营销平台、网上金融产品专营店等互联网创新产品，增强客户黏性。投产农业银行首家"智慧网点"，通过VTM远程银行、"翼柜通"（预填单服务）等应用服务系统，实现线上线下的智慧联动，完善了与客户对接的"最后一公里"。全力支持全球化战略，完成了对境外核心业务系统的整合和推广，实施了境外机构核心业务系统上收和集中部署；成功上线美元清算对接项目，为纽约分行的美元清算业务提供了有力的支持。投产第二代集中作业平台和运营集中监管平台，上线管理会计二期、风险管理系统2.0，优化新一代资产负债管理系统，有力支持了全行运营、财会、风险、资产负债管理改革。

中国银行在信息科技蓝图项目成功实现境内投产的基础上，稳步推进海外信息系统整合转型项目，2013年在亚太地区全面投产，实现亚太12家分行应用系统版本统一、集中部署和运营管理一体化，成功在亚太地区推广核心银行系统、全球统一支付平台、国际结算、呼叫中心等系统，进一步提升全球一体化信息科技服务能力。2013年，"中银易商"品牌下的中银开放平台正式投产上线，在国内同业中率先提供互联网业界通用的标准化应用程序接口及应用商店服务；探索O2O（线上线下融合发展）金融服务模式，试点推出"中银E社区"，整合便民支付、民生缴费、小微贷款等金融服务，为智能小区提供线上线下相融合的全方位一体化服务；推出"微银行"系列产品，实现在线信息推送、互动交流、金融服务等功能；推出"中银易付"手机应用，逐步覆盖客户大多数日常支付操作，提高支付效率；通过中银"网络通宝"业务向在第三方电子商务平台上经营的中小企业提供综合金融服务方案。中国银行首家"未来银行"旗舰店投入试运行并成功举办"客户体验日"活动，在提高自助渠道效能、改善客户体验、提升客户满意度方面取得了明显成效。

交通银行积极构建制度、流程、操作三个层面的 IT 标准规范体系，在软件开发、生产运维和信息安全方面分别通过 CMMI3、ISO 20000 和 ISO 27001 三项国际认证，成为同业中第一家同时通过三项认证的商业银行。在总行设立信息技术管理部、软件开发中心、数据中心和测试中心，在分支机构设立信息技术部。通过"一部三中心"的布局持续完善科技及创新管理、软件开发、软件测试、运维保障的专业化运作流程，从而有效发挥治理协同效应。

3. 其他全国性商业银行信息技术建设

光大银行着力建设金融开放平台，实现了由公司内部到互联网公司的多层次金融产品及服务资源的整合；通过在线供应链金融平台整合对公条线的融资工具和产品，移动支付实现了与三大运营商的平台接入，积极建设小微金融平台；科技创新和自主研发能力进一步提升，稳步推进 CMMI4 认证的准备工作和分行研发过程体系的推广；完成 ISO 20000 的贯标和 IT 服务体系 II 期建设，提升科技管理水平；2013 年中国人民银行科技发展奖评选中，光大银行开发的柜面客户服务交互平台"安心宝"等 7 个项目被评定为达到或处于国内领先地位，2 个项目被评定为处于国内先进地位。

中信银行确定并正式启动实施了新的信息技术三年规划。报告期内，中信银行新一代核心业务系统建设项目按计划稳步推进，完成了设计与编码，进入测试阶段；完成了数据仓库和大数据应用实施规划和技术验证；新科目体系改造项目成功投产上线，丰富了会计信息，优化了账户体系，改善了客户体验。中信银行落实"再造一个网上中信银行"战略，研发和推出了网络贷款产品、手机二维码和 NFC 等移动支付产品和网上金融商城，快速响应支付宝基金监管、养老金、供应链金融、地方财政国库集中支付、B2B 在线融资等业务创新需求，丰富了中信银行业务拓展渠道。押品管理、操作风险及内控平台、风险资产计量、流动性风险系统投入使用，风险管理技术自动化程度进一步升级。

（二）信息科技在银行各领域的应用

1. 风险控制

农业银行推行 BoEing 系统。BoEing 系统是农业银行自主研发的新一代核心业务系统，相比之前使用的 ABIS 综合业务系统，能够实现更精准的客户营销、更灵活的市场响应、更精细的绩效考核、更严格的成本控制和更全面的风险管控，是支撑和驱动农行改革发展的基础平台。该系统首先统一了数据口径，改善了数据质量。BoEing 系统上线期间，农业银行开展了多轮数据清理与移植，大幅提升了中国银行基础数据质量，将为全行核心业务数据提供标准平台；其次，有效整合了多套系统界面，改善了柜员体验，降低了操作难度，提升了柜面效率；再次，加强了业务流程自动化控制，降低了操作风险，BoEing 系统对一系列业务操作流程的风险点进行了梳理和优化，加强了技术方面的自动化控制；最后，加强核算控制，提高财务管理精细化水平。

兴业银行着力加强运营支持保障系统。电子银行功能继续完善，推出微信银行、"e 家财富"服务，升级手机银行客户端，扩容电话银行系统。支付结算及管理系统进一步优化，会计内控和作业服务水平稳步提升。信息科技专业能力建设扎实推进，完成上海外高桥同城灾备机房搬迁并正式运营，启动成都机房、环形网建设。

2. 平台建设

工商银行适应消费金融和移动互联时代特点，研发集网上购物、网络融资、消费信贷于一体的融 e 购电子商务平台。推出"逸贷"产品，实现消费支付和信贷融资无缝连接、线上线下一体化操作。

设立微信银行，在 iPhone、Android 手机银行中新增或优化账户贵金属、账户外汇、分行特色等服务，提高手机银行客户端的服务承载能力。推出个人账户原油、个人账户外汇等产品，满足客户多元化的投资需求。推出环球旅行卡，丰富海外手机银行功能，提升全球服务能力。

交通银行将相对稳定、事务处理要求较高的核心账务系统放在大型主机上处理，将经常变化、基于工作流的业务处理系统放在开放的小型机上处理，同时按照面向全集团的云计算规划进行服务模式调整，按照面向服务的架构（SOA）加以整合改造。这样的架构有助于新业务、新产品的快速开发，抢占市场先机。

招商银行致力于构建"安全可靠、高效运营、绿色经济、可持续发展"的信息系统，报告期内在 38 家分行顺利投产第三代系统，打造层次清晰、运行高效、长期可用的核心框架，重构业务体系，整合渠道体系和统一客户信息；研发中心通过 CMMI3 认证；完成新一代数据仓库平台规划和一期实施，启动信贷平移、对公核心底层、OPICS 升级等重大系统的升级换代，投产供应链金融平台和新个贷系统；实现深圳和上海双数据中心运行，在打造数据中心服务能力成熟度评价领域认证认可行业标准方面，为国内银行中的首家。

浙商银行重点研发建设计息引擎平台和授信额度管理平台；开发票据池、网上无账户存款、在线申办等柜面业务电子化特色产品应用；拓展授信业务、国际结算业务的流程银行应用，提升营销、授信评审和风险管理等前中后台联动机制；研发现金管理系统、供应链系统，增强对公司业务创新的支持。

（三）应对互联网金融

1. 互联网金融模式

在 2013 年的互联网和大数据时代下，银行需要有足够的前瞻性，以新思维模式全面推进业务创新。

金融服务实体经济最基本的功能就是融通资金，资金供需双方的匹配（包括融资金额、期限和风险收益匹配）可通过两类中介进行：一类是商业银行，对应着间接融资模式；另一类是股票和债券市场，对应着资本市场直接融资模式。

然而，在互联网金融模式下，由于搜索引擎、社交网络、大数据以及云计算的存在，市场信息对称程度较高，交易双方的成本非常低，银行、券商和交易所等中介机构都不起作用；贷款、股票、债券等的发行以及交易都直接在网上进行，这个市场充分有效，接近一般均衡定理描述的无金融中介状态。在互联网金融模式下，支付便捷，搜索引擎和社交网络降低了信息处理成本，资金供需双方直接交易，可达到与现在资本市场直接融资和银行间接融资一样的资源配置效率，并在促进经济增长同时，大幅减少交易成本。

互联网金融模式下，支付系统存在以下四个根本性特点：①所有个人和机构都在中央银行的支付中心（超级网银）开账户（存款和证券登记）；②支付清算完全电子化，社会中无现钞流通；③证券、现金等金融资产的支付和转移通过移动互联网络进行；④二级商业银行账户体系可能不再存在。

2. 小微金融（Micro-finance）

小微金融是指面向低收入家庭开展贷款、储蓄、保险以及货币支付等一系列业务的金融服务，它的产生是由于低收入者普遍缺乏合适的抵押物，很难从传统的商业银行获得贷款。

金融是帮助实体企业的工具，这便是创新金融的意义所在。相较于传统的互联网金融模式，创新的互联网小微金融模式，通过联合线下信用担保机构，让投资用户可把闲余资金通过投资平台出借给有良好的实体经营状况、能提供足值抵押的、有借款需求的优质企业。让专业的机构做专业的事是 P2C 模式的核心理念，利用互联网实现信息对称、资源高效利用，做到投资者和有融资需求的需求方进行直接对接，尽量减少复杂的中间环节，让投资人能直接享受到企业经营发展的成长红利。相比之下，企业直投信息更加透明化，而且投资人收益也比通过其他投资方式获得的收益有了显著的提高。

3. 商业银行与互联网金融发展

工商银行着眼于互联网金融和大数据时代下银行经营管理模式的根本变革，前瞻性地进行了信息化银行建设的整体规划和研究，适应消费金融和移动互联特点，创新推出了集网上购物、网络融资、消费信贷于一体的电商平台——"逸贷"，这是基于居民直接消费的小额消费信贷、基于真实贸易的中小商户贷款等的重点创新产品，较好地适应和引导了市场需求。"逸贷"业务，指针对客户使用工行借记卡、信用卡、存折等介质在工行指定商户进行线上 B2C 或线下 POS 消费的行为，对符合条件的持卡人按照一定规则联动提供信用消费贷款服务或信用卡分期付款服务。与传统信贷产品相比，"逸贷"的主要特色有：该产品采取信用方式，客户消费时或消费后可自助申请贷款，无须柜台办理；办理渠道广泛，客户在工行线上线下特约商户消费，均可通过网上银行、手机银行、短信银行、POS 等快捷渠道办理；贷款由系统自动审批，贷款资金瞬时到账；贷款起贷点低，便于客户灵活安排和使用资金。此外，工行还针对小微商户推出"逸贷"公司卡，有利于解决中小企业融资难问题，支持实体经济发展。

建设银行加快 ETC 龙卡信用卡的营销推广，发行曼联足球信用卡、"全币种，免兑换"的全球支付卡，跨界合作推出"中国好声音"龙卡，首家推出龙卡数字显示信用卡以及国内首张 SD 卡模式和SIM 卡模式手机信用卡等新产品。加强用卡环境建设，改善客户用卡体验，在线支付、网上办卡、购车分期、机票商旅、积分兑换等互联网"一站式"综合金融服务能力进一步提升；涵盖电脑、平板电脑、手机等终端的二维码、微信、短信、手机客户端等电子渠道申请体系建设基本完成，为客户提供"随时随地"的办卡服务。

农业银行充分依托现有业务、技术和客户基础，全面融合互联网思维和技术，加快推动互联网金融业务创新和技术应用创新，完善产品研发体系、运营支持体系和线上风控体系，逐步实现经营管理全流程向互联网化的方向转型，努力建设线上与线下协同发展、虚拟和实体无缝结合的一流现代化商业银行。2013年，农业银行将互联网金融发展领域重点划分成四部分：网络支付领域、网络理财领域、互联网融资领域、互联网购物领域。在服务于小微企业融资需求方面，提升小微企业金融服务的便利性。大力推广"简式贷"产品，加快研发供应链融资产品及区域特色产品，满足小微企业差异化的金融需求。继续对小微企业实行优惠政策，对小型企业免收29项、对微型企业免收33项投资银行类服务费用，切实降低小微企业融资成本。创新推出客户批量服务与信贷批量审批模式，依托产业集群、特色商圈、专业市场、第三方交易平台等向集聚发展的小微企业提供批量化服务，提高金融服务效率。

2013年，中国银行"中银易商"品牌下的中银开放平台正式投产上线，在国内同业中率先提供互联网业界通用的标准化应用程序接口及应用商店服务；探索O2O（线上线下融合发展）金融服务模式，试点推出"中银E社区"，整合便民支付、民生缴费、小微贷款等金融服务，为智能小区提供线上线下相融合的全方位一体化服务；推出"微银行"系列产品，实现在线信息推送、互动交流、金融服务等功能；推出"中银易付"手机应用，逐步覆盖客户大多数日常支付操作，提高支付效率；通过中银"网络通宝"业务向在第三方电子商务平台上经营的中小企业提供综合金融服务方案。此外，中国银行首家"未来银行"旗舰店投入试运行并成功举办"客户体验日"活动，在提高自助渠道效能、改善客户体验、提升客户满意度方面取得明显成效。

交通银行经营模式以物理网点为支撑，以互联网金融为平台，以客户自助服务为主要特征，提出了"人工网点＋电子银行＋客户经理"的服务模式。着力打造电子银行平台特色，探索建设智慧交行，保持电子银行产品优势。以金融自平台和直销银行建设为突破口，探索互联网金融发展模式。持续增强电子银行功能，促进移动互联新技术运用，推出二代手机银行和微信银行，95559远程财富管理项目。在手机银行方面，推出业内首个采用"云＋端"技术、具有智能化功能、可最大金额任意账户安全转账和非接式IC卡充值的第二代手机银行；上线智慧网盾、TSM发卡圈存等移动支付创新产品。

民生银行深入调研用户需求和各部门业务需要，根据互联网时代用户需求、体验与习惯，并充分借鉴国际、同业先进理念及经验，开展门户网站创新规划和建设。2013年12月25日，新版门户网站正式上线，具有创新智能的Web体验管理系统、一体化的网站群体系、精准营销的大数据应用、个性化可定制的互动体验、清新简约的视觉风格等特点，实现了品牌宣传、产品营销、在线交易、客户服务、社会化分享的一体化，在为用户提供一流的特色网络金融服务的同时，对民生银行产品业务宣传营销、互联网和移动互联网金融服务能力提升发挥了重要作用。

兴业银行以加快互联网金融创新、提升客户体验、加强风险管理为重点，在保持业务稳定、快速增长的同时，塑造经营特色，为各业务条线的发展提供了专业化的电子银行服务支持。创新推出互联网时代家庭财富管理产品——"e家财富"，"一站式"实现了家庭银行卡和资产的统一收支管理、在线理财规划和理财资讯等增值服务。在同业业务方面，银银平台作为公司在国内率先推出的银银合作品牌，是结合了互联网金融和线下金融的完整服务体系，为各类合作银行提供包括财富管理、支付结算、科技管理输出、培训服务、融资服务、资本及资产负债结构优化等内容的全面的金融服务解决方案。

华夏银行依托互联网技术创新小企业金融业务模式，运用自主研发的资金支付管理系统，对接供应链核心企业、大宗商品交易平台、市场商圈等平台客户，在同业率先推出"平台金融"业务模式，为平台客户及其体系内小企业提供在线融资、现金管理、跨行支付、资金结算、资金监管等全方位、全流程电子化金融服务。2013年全年，平台金融模式上线项目达114个，涉及通信、航空、旅游、租赁、商贸等20余个行业，服务小企业近2000户，累计投放贷款近16亿元，业务发展初具规模。

平安银行落实综合金融和互联网金融，推动新模式、新渠道等的运用。与陆金所、平安大华基金等机构合作推出了多款产品；成立运行了"平安交易员"微信平台，借力移动互联网提升市场影响力和客户渗透率。在小企业金融业务方面，布局线上业务，建设小微互联网金融模式。一是开展电商合作：梳理重点关注及营销电商平台，落实精细化管理的经营策略。发动分行收集营销线索，主动发掘并提供潜在合作方，自上而下、由点及面地迅速抢占市场先机，创建具有平安银行特色的互联网金融模式。二是推进小企业线上融资平台搭建：启动小企业线上融资平台规划，探索小企业线上金融服务模式。

广发银行以互联网金融托管为契机，打造特色托管产品线，建立特色产品竞争优势，成为腾讯"财付通"、苏宁"易付宝"的监督银行，为基金公司和第三方支付机构提供综合增值服务，确立市场领先地位，为后续产品与渠道的融合夯实了基础。

工行资产托管业务实现跨境发展，QDII托管业务规模达27.99亿元。同时，广发银行率先与腾讯、网易等互联网巨头合作推出微信营业厅、易信营业厅服务，并紧跟市场变化入驻支付宝公众平台。依托短链接、二维码搭建移动金融营销体系，进一步加强各电

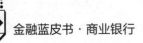

子渠道之间的高效协同，实现渠道有机整合，为客户提供业务体验流畅、便捷的场景式金融服务。与第三方支付机构合作，打通他行卡支付等关键业务环节，为未来面向网络客户销售金融产品打下支付基础。

五　人力资源

2013年，各家银行在施行人力资源战略时更加关注人员的结构构成和未来支持其业务发展的专业技能的培养和发展潜力的发掘，通过开展培训课程、实施激励措施有意培养和激励人才。通过分析可以得出，各家银行的人员结构趋向高知化，研究能力不断增强。

（一）人力资源概况

1. 员工数量与结构

银行的员工数量取决于银行业务的发展状况，尤其是网点分布状况。国有四大行不但资产规模大、网点分布广泛，在人员基础上也居于领先地位。股份制商业银行与之相比仍存在差距，但是近年来保持了高速发展态势。2013年，农业银行以478980名员工继续高居榜首，工商银行紧随其后；而浙商、恒丰等小银行的人员规模较小。

管理人员比例反映了每个管理者管理的员工数量及控制幅度。传统理论认为管理者应能有效管理7～8人，随着员工主动性和经营管理效率的提高，这一数字略微提高。在取得有效数据的银行中，浦发银行的管理效率最高，农业银行的管理效率最低（见图3）。

在银行员工的基本情况中，员工的学历结构及其高低水平能够反映员工的素质情况。总体来说，员工学历水平的提高，一定程度上反映了员工整体素质的提高。银行的学历结构日益趋向于高知化，高学

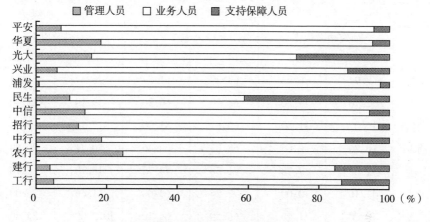

图3 2013年银行员工构成

资料来源：根据各商业银行2013年年报整理而得。

历员工所占比例上升。银行业由于其稳定的工作环境、相对丰厚的待遇，对高校毕业生有较强的吸引力，而银行的就业门槛也随之增高。目前，银行吸收员工的门槛已提高至本科及以上学历，研究生及以上学历成为未来招聘趋势。

2013年各家银行员工结构中研究生及以上学历占比增加，高学历成为趋势。而股份制银行的学历水平整体较高，其中光大银行的整体水平最高，本科及以上员工占到员工总数的88.34%。中信银行研究生及以上学历员工比例最高，达到16.07%（见表10）。

表10 2013年银行人员构成（按学历）

单位：%

	研究生及以上		本科		专科及以下	
	2013年	2012年	2013年	2012年	2013年	2012年
工行	4.30	3.80	45.80	43.80	49.90	52.40
建行	5.93	5.05	51.14	48.18	42.93	46.77
农行	4.10	3.60	38.20	35.00	57.70	61.40
中行	7.40	6.93	59.63	57.69	32.97	27.35

续表

	研究生及以上		本科		专科及以下	
	2013 年	2012 年	2013 年	2012 年	2013 年	2012 年
交行	7.94	6.92	63.39	61.54	28.67	31.54
招商	12.70	11.20	68.20	66.90	19.10	21.90
中信	16.07	11.00	66.81	81.00	17.12	8.00
浦发	10.76	9.65	68.83	69.46	20.41	20.89
兴业	12.63	7.78	71.58	74.32	15.79	18.76
光大	11.10	10.00	77.24	64.00	11.66	26.00
广发	10.70	11.10	66.30	64.10	23.00	24.80
浙商	13.00	12.85	68.05	66.64	18.95	20.70
恒丰	11.68	17.54	61.47	50.55	38.25	31.91

	专科及以上		专科以下	
	2013 年	2012 年	2013 年	2012 年
民生	93.00	92.00	7.00	8.00
华夏	98.79	98.53	1.21	1.47
平安	75.65	74.8	24.35	25.20

资料来源：根据各商业银行 2013 年年报整理而得。

2. 员工费用

人均员工费用反映了银行的员工成本，是银行成本控制的主要指标之一。2013 年，在人均员工成本上，浦发银行以 41.51 万元排名第一，是唯一一家人均员工费用突破 40 万元的商业银行。其后，招商、恒丰、中信、浙商、兴业和华夏均超过 35 万元。总体上看，股份制银行的人均员工费用高于大型国有商业银行。股份制银行的人均员工费用为 30 万~40 万元，而大型国有商业银行的人均员工费用为 20 万~25 万元。快速发展中的股份制商业银行，普遍对人员的投入较大（见图 4）。

员工费用占营业收入比例反映了一家银行的薪酬福利水平。农业

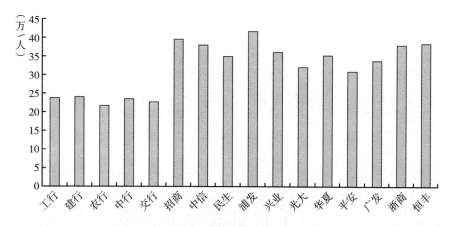

图4　2013年商业银行人均员工费用

资料来源：根据各商业银行2013年年报整理而得。

银行、招商银行、平安银行和广发银行的这一比例均达到20%，说明员工薪酬福利水平过高，不存在经济性。比较来说，恒丰银行员工费用所占比例较低，未来仍有进一步增加员工薪酬福利的空间（见图5）。

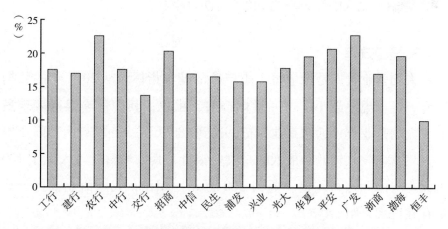

图5　2013年银行员工费用占营业收入比例

资料来源：根据各商业银行2013年年报整理而得。

员工费用占营业支出比例反映了营业支出中人力成本的比重，侧面反映了人力资源使用效率的高低。2013 年，各家银行中员工费用占比超过 40% 的有工商银行、农业银行、招商银行和平安银行，低于 30% 的有交通银行和恒丰银行，其他各家银行为 30% ~ 40%（见图 6）。

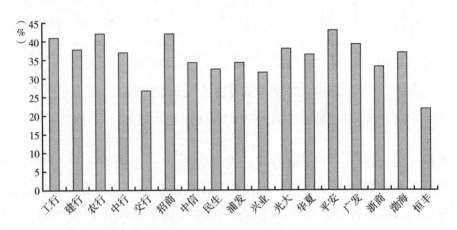

图 6　2013 年银行员工费用占营业支出比例

资料来源：根据各商业银行 2013 年年报整理而得。

3. 员工效率

人均营业收入是衡量员工生产率的基本指标。从 2013 年的数据来看，银行规模越小，这一指标普遍越出色，其中恒丰银行表现最好，人均营业收入远超其他银行，达到 388 万元。而国有大型商业银行人均营业收入较低，最低的是农业银行，其人均营业收入低于 100 万元。与国际银行均值（超过 300 万元）相比，我国商业银行仍普遍存在巨大差距。

（二）员工培训

未来的竞争是人才的竞争，加大人才培养力度成为取得未来竞争

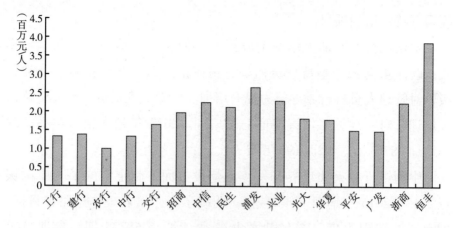

图7　2013年银行人均营业收入

资料来源：根据各商业银行2013年年报整理而得。

优势的关键。近年来我国银行业的发展与进步得益于重视人才培养。目前，各家银行业都在不同程度地加大对员工培训的投入力度，充分意识到培训在其人才建设和银行改革中所发挥的巨大作用。无论是员工培训的次数、力度、投入费用，还是培训覆盖的范围都有了长足发展，形成了完整的培训思路和体系。

1. 大型商业银行的培训

大型银行在培训体制上更加完整，由于规模庞大，其培训复杂程度也相对较高。2013年，它们在培训上的成绩有目共睹，其中农业银行的"农银大学"最有特色，建立了相应的培训品牌。

2013年，农业银行按照按需培训、注重实效的原则，加强培训体系建设。正式成立"农银大学"。依托"农银大学"，统筹开展分层分类培训，首次开展学制2个月的系统化岗位职业轮训，共培训各类专业人才2100余人；总行直接举办管理人员培训班81期，培训5100余人次；开展网点负责人、中年员工等重点岗位培训，共培训16.6万余人次；首次运用"农银大学"网络学院平台开展岗位资格考试，共有12.3万人次参与；继续开展"农行大讲堂"、培训援藏

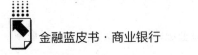

援疆等特色培训项目。

建设银行不断加大培训资源投入，创新员工培训方式和学习模式。既注重全面，坚持全员培训、整体推进，又突出重点、分类分级，对管理人员进行领导能力提升培训、对专业人员进行专业资格认证培训、对一线员工进行持证上岗培训。2013年建设银行共举办现场培训38701期，培训196万余人次。

中国银行在人才培养开发体系建设方面，制定实施了《中国银行2013～2015年培训工作规划》，明确了人才培养工作思路和目标，加大员工培训力度，全年共举办各类培训班68775期，参训员工2209798人次。同时，中国银行加强海外机构人才队伍建设，积极推进海外机构人力资源管理改革，加强国际化和多元化人才培养，加大境内外机构间、商业银行与多元业务间的人员交流力度。

2. 其他全国性商业银行的培训情况

中小型股份制商业银行同样重视人才培养与发展，将培训课程与公司战略相结合，有针对性地打造公司核心竞争力，取得了明显效果。

中信银行在2013年有节奏地开展领导干部培训，系统化组织员工培训，共举办境内外各类培训5389期，培训40万人次，充分发挥了对业务发展的支持保障作用。

民生银行高度重视员工培训工作，全行培训以"立足战略发展和业务创新需要，加强专业团队能力素质建设"为主线，以"三大战略定位，专业能力提升、战略执行及管理能力提升、业务创新及专业能力提升"为重点，根据"三横一纵"，全行开展多层次、多专业、多渠道、多形式的培训，发挥培训对全行业务发展的支持和保障作用。2013年民生银行共举办各类培训18万余人次。

2013年，兴业银行根据"规划先行、分步实施、小步快走、稳步推进"的思路，制定了《新型培训体系建设规划（2012～2015年)》，并通过年度培训计划的严格执行和落地实施，进一步建立健全覆盖高、中、基层员工、各有侧重的新型培训体系，丰富员工的学习方式，扩大各类人员培训的覆盖面，提升员工的专业能力和综合素质，服务公司战略发展。

光大银行2013年内各级各类员工培训参训人员达242345人次，人均培训天数达6天。

（三）激励措施

1. 高管薪酬激励机制

银行关键管理人员的薪酬福利主要分为两部分，一是薪酬及其他短期职工福利；二是职工退休福利。近年来，银行引入跨国公司经验、基于高层管理人员的适当的股权激励等长期激励措施。

除部分银行未公布高管薪酬外，已得到的数据显示，共有5家银行在年报中披露高管薪酬支出增加，其中增加最多的是光大银行，增长幅度为18.68%。值得注意的是，民生银行高管薪酬总额远远高于其他各行，达到1.50亿元。大型商业银行的高管薪酬总额集中在1500万到3000万元之间。共有7家银行在2013年度削减了高管薪酬，其中，广发银行削减幅度最大，达到19.23%，建设银行、兴业银行紧随其后（见表11）。

表11　银行关键管理人员薪金福利及变动情况

单位：万元，%

	2013年总额	2012年总额	2013年增幅
工行	1572	1665	-5.59
建行	2087	2535	-17.67
农行	1097	1075	2.05
中行	2157	—	—
交行	1100	—	—
招商	3909	3922	-0.33

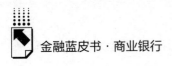

续表

	2013 年总额	2012 年总额	2013 年增幅
中信	3132	2680	16.87
民生	15000	13200	13.64
浦发	2640	—	—
兴业	3990	4500	−11.33
光大	2078	1751	18.68
华夏	2600	2600	0.00
平安	8800	7900	11.39
广发	2100	2600	−19.23
浙商	1689	1691	−0.12
渤海	1171	1270	−7.83

资料来源：根据各商业银行 2013 年年报整理而得。

需要注意的是，由于关键管理人员的 2013 年最终薪酬仍在确认过程中，通常会在下一个会计年度发布公告披露。为便于比较，表 11 中 2012 年薪金为各银行 2012 年年报公布的薪酬总额，并非最终薪酬清算金额。

2. 员工薪酬福利机制

现在各家银行都非常重视员工薪酬福利机制的设计，员工费用只是其中一个基本部分，除此之外，银行还使用多种激励机制。

2013 年，农业银行不断完善薪酬分配机制，加大薪酬分配与经济增加值、经营转型的挂钩力度，加强子公司、高管人员的薪酬管理，加大关键岗位员工、急需紧缺人才薪酬激励力度，提升薪酬分配的内部激励性和外部竞争力。加强薪酬资源向基层倾斜的力度，建立差异化的津贴制度，鼓励员工长期服务基层。完善企业年金和福利负债基金管理机制，稳步推进企业年金社会化管理，持续优化福利负债资金配置机制，强化企业年金投资管理，提升长期投资收益。农业银行离退休职工福利由福利负债基金及企业年金基金承担。

中国银行在 2013 年继续按照"以岗定薪，按绩取酬"的原则实施员工薪酬管理，改进员工激励约束机制，推广简单清晰、直接有效的激励模式，促进提升内生动力。

招商银行的薪酬政策与公司的经营目标、文化理念、价值观相一致，以健全和完善激励约束机制、实现企业战略、提高组织绩效、约束经营风险为目标，遵循"战略导向、绩效体现、风险约束、内部公平、市场适应"的薪酬管理原则，坚持"以岗定薪，按劳取酬"的薪酬支付理念。

中信银行按照有效激励与严格约束相互协调的原则，不断深化和完善人力资源管理。中信银行建立以"职等"为核心的内部等级体系，建立配套的薪点工资制，完善绩效工资分配方式，体现前中后台及考核的差异，合理拉开收入差距。加强对分支机构的指导与监督，完善薪酬结构，规范和健全福利保险体系，保障员工权益，强化激励作用。

兴业银行的薪酬管理坚持与公司治理要求相统一、与银行竞争力及可持续发展相兼顾、与经营业绩相适应、长短期激励相协调的原则，兼顾薪酬的内部公平性与外部竞争力，同时要求有利于公司战略目标的实施并支持不同阶段的业务发展需求，实现对人才尤其是关键人才的吸引和保留。

光大银行根据市场竞争的需要，建立了"效率优先、兼顾公平"的统一薪酬体系，员工的薪酬由基本保障工资、岗级工资、绩效工资和福利四部分组成。在兼顾公平的基础上，公司薪酬进一步向经营一线倾斜，以吸引和激励关键和核心人员。

2013 年，华夏银行紧紧围绕全行发展战略和经营目标，完善绩效考核体系，引入经济增加值和经济资本回报率，促进结构调整和经营转型，强化资产质量和风险合规管理，增强薪酬激励和约束作用。

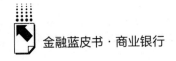

六　产品与服务

（一）创新能力

在目前的市场条件下，银行产品与服务的创新对银行运营乃至业务突破都有至关重要的影响；同时，银行产品与服务的推行效率和市场反应是银行赢利的重要保证。

建设银行大力推动产品创新、流程创新、技术创新、商业模式创新以及体制机制改革创新。管理创新方面，在内部考核上从单纯抓客户数量转变为抓有效客户；产品创新方面，设立产品创新与管理部，2013年完成产品创新961项，存续期内的自有产品和代理第三方产品累计近7000个，成为国内金融产品丰富、服务种类齐全、具创新活力的商业银行之一。

农业银行本行持续加强个人网上银行产品创新，加快线下线上业务协同发展，完善业务功能和流程，不断提升客户体验。2013年，农行多次升级个人网上银行系统版本，上线个人贷款综合营销系统，先后推出网银西联汇款、跨境电汇、贵金属等功能，完成自动理财功能的客户体验优化。持续优化智信版、智锐版、智博版等企业网银产品体系，不断加强系统升级，推出外币汇款、资金归集、多级账簿等业务，完善企业网银投资理财功能，上线超大批量代收代付等功能，全面提升客户服务能力。

中国银行加快投行产品创新，推出"走出去"企业信息咨询顾问产品，研发推广代理融资类资产管理计划。与上海证券交易所、深圳证券交易所合作，创新理财业务投资新模式，进一步丰富投资银行市场化融资产品。全年投行市场化融资产品共为客户实现融资4600亿元，比2012年增长56.25%，有效承接大型客户的信贷需求，助力公司金融客户结构调整。保险方面，与中国内地、香港、澳门的多家保险公司建立合作关系，积极开展海外市场营销，拓宽分保网络，拓展新客户群。推广电子销售渠道，投产上线手机销售平台和新版官方网站，推出"旅游易"电子投保产品。进行市场需求调研，对"环宇旅游综合险""中银医疗"等产品进行优化，开发内地居民赴港期间可投保的"香江游"、针对投资移民客户的高端医疗保险、贸易信用保险、信用卡保险以及按揭保险等新产品。

交通银行发挥总部在沪的地缘优势，全面对接上海自贸区建设，推进自贸区离岸金融产品创新，在自贸区率先设立银行、租赁分支机构并首家开展飞机租赁业务。以境内外联动为依托，与电子、汽车、石油等行业的国际龙头企业进行深度合作；以"蕴通财富伴您同行"活动、财富管理峰会、财富司库俱乐部为平台，以蕴通理财超市为支撑，多方满足客户财富保值增值需求；以信息科技支持公司金融业务创新，成为业内规模最大的人民币 FFA（远期运费协议）代理清算银行和唯一能为航运行业提供产业链电子化支付结算服务的银行。

民生银行通过产品创新与批量开发商业模式推广，实现贸易金融、交易金融、基础支付结算业务收入快速增长；力推"金融管家"综合金融服务模式，充分发挥商业银行投资银行业务对智力型中间业务收入的主导贡献作用，加速推进投行业务模式的开发和创新，全面提升中间业务服务的专业化水平和价值创造能力。零售业务方面，强化小区金融，推出智家系列小区金融产品。截至报告期末，智家卡发卡量超过 40 万张；强化微贷产品，从"微贷 1.0"升级到"微贷 2.0"，推出"流水贷""运单贷""销量贷""税单贷""收银贷"五大系列产品，上线"小微宝"，通过移动运营和移动销售实现微贷业务多渠道受理、柜面化处理；强化特色服务体系建设，上线小区金融网"邻帮邻"，实现代缴费、业务预约、业务受理、特惠商户查询及 B2C 五项功能；强化电子渠道产品建设，在推进 IC 卡应用的同时，针对移动支付推出"乐碰"产品，针对青年一族推出民生"WILL"卡。

兴业银行产品创新持续推进，重点推出合同环境服务、特许经营权质押等创新产品，同时加强合同能源管理、排污权抵押融资、节能减排融资项目（CHUEE）三期等创新产品的落地。针对企业金融客户在节能环保领域的多种金融需求，梳理、整合升级推出"绿金融·全攻略（2013）"绿色金融专案，涵盖从金融产品、服务模式到解决方案的多层次、综合性的产品与服务体系，包括10项通用产品、7大特色产品、5类融资模式及7种解决方案。

光大银行在贵金属方面，积极开展业务结构调整与产品创新，实现贵金属业务平稳较快发展。积极推广黄金租赁业务，丰富实物类贵金属产品线，完善业务系统功能，获批黄金进口资格，开展黄金寄售和黄金租售业务。报告期内代理上海黄金交易所交易金额378.5亿元，客户达22万户；跨境交易规模约45.6吨，比2012年末增长551%。

华夏银行在信用卡产品创新方面，进一步优化产品体系，创新推出白金IC卡、SMART IC卡、华夏精英·尊尚白金IC卡等IC卡产品。在创新支付与互联网金融方面，成功推出信用卡公众微信号、网上商城、商旅通等网络平台化业务，强化了信用卡业务与移动互联网的紧密结合。在客户服务方面，加强精细化管理，推出Plus Club星级会员服务，为持卡人提供增值服务，进一步提升持卡人的用卡黏性和忠诚度。建立了高效率、高质量的作业与客户服务平台，加强了风险管理，资产质量优良。

平安银行在票据金融方面，通过目标市场分析、产品竞争力分析，并结合本行现有客户需求加入"托管系统"。各参与分行及交易客户可在此平台上实现点对点的系统内外纸质票据电子化交易，为分行提供集票据风险防范、票据保管、票据交易、票据托收于一体的托管综合服务。同时，优化整合各地区的市场资源，降低票据业务运营成本，提升本行票据整体经营收益。

广发银行2013年大力推动储蓄产品创新。率先推出银联标准多币借记IC卡，成为首批三家发卡银行之一；推出"智能金账户"自动理财业务，为客户提供便捷灵活的理财和消费服务；推出业内领先的代发工资综合服务套餐"广发薪管家"；依托银联供应链业务管理平台，推出供应链综合服务平台产品，为供应链客户提供全国范围内的一体化金融服务。

浙商银行加强小企业产品创新，加快特色产品应用。在创新研发"随易贷""余值贷""商位租金贷"等业务品种的同时，"放得快""全额贷""农房抵押贷""便利贷""商位通"等一批特色产品得到快速推广应用，小微金融服务的针对性和覆盖面持续提升，重点推进无抵押微小贷款和利用互联网、电子银行机具循环便捷使用小微金融产品等工作。

（二）品牌管理

2013年，各家银行继续着力于自身特色品牌建设，大型银行以自身品牌为依托拓展核心竞争力，同时通过自身拥有的资源和规模进一步提升自身品牌。中小股份制商业银行通过特色服务与产品维护自己的品牌声誉，在某些领域成为业界标杆。

工商银行形成了以商业银行为主体，综合化、国际化、信息化的经营格局，继续保持国内市场领先地位。工商银行现金管理服务向金融资产管理综合领域拓展，形成以账户交易管理、流动性管理、供应链金融、投资理财等为架构的服务体系，积极拓展大型跨国公司等全球现金管理客户。

建设银行方面，造价咨询业务是该行独具特色和品牌优势的中间业务产品，伴随着该行长期从事固定资产投资业务和具有的代理财政职能衍生和发展形成，至今已有近 60 年的历史。该行 37 家一级分行具有住房和城乡建设部颁发的工程造价咨询甲级资质，156 家二级分行设有专营机构。在确保为客户提供优质高效服务的同时，建设银行通过强化基础管理、推进业务系统建设、创新业务产品等措施，实现了工程造价咨询业务操作与管理的流程化、规范化、标准化和系统化，行业地位和品牌形象不断提升。2013 年，实现造价咨询业务收入 94.07 亿元，较 2012 年增长 14.97%。

农业银行以"金穗惠农通"工程提质增亮为重点，持续深化农村基础金融服务。新增惠农卡有效发卡量 717 万张，新设"惠农通"工程服务点 3000 个，电子机具行政村覆盖率达到 68.3%；新增涉农财政补贴及公用事业代理项目 1987 个，服务功能进一步完善。"惠农通"已逐步成为农行有特色、有影响力的"三农"金融服务品牌。

中国银行依托集团国际化及综合经营优势，推动私人银行业务持续发展。推出超高净值领域金融服务品牌——"家族理财室"，提供全球资产管理、家族信托与传承、企业顾问、法律税务咨询等服务。发展"平行理财"跨境资产配置业务，为客户提供境外投资、置业咨询、留学教育等金融及增值服务。着力打造个人跨境银行卡特色品牌，在国内同业中首推全币种国际芯片卡跨境支付专属产品，研发推广长城环球通港澳台自由行卡、无限卡等跨境支付特色产品，推出支持全部国际卡组织电子商务交易的跨境收单产品。丰富海外信用卡产品体系，发行澳门无限卡和白金卡、新加坡中国旅游卡、加拿大丰泰联名卡等特色产品。

交通银行本行重点围绕"客户、服务、产品、管理"四大要素，推进个人金融业务发展。有效对接客户需求，推动分层品牌管理和族群精准营销，以提升金融服务水平为引领，积极打造全新品牌理念，稳步扩大中高端客户群体，大力夯实零售业务转型基础，持续打造财富管理银行特色。

招商银行"千鹰展翼"是其服务创新型成长企业的战略品牌。自2010年10月正式推出"'千鹰展翼'创新型成长企业培育计划"以来，招商银行不断推动该计划在营销方式、产品支持、服务渠道以及技术手段等方面的创新，致力于打造以"股权融资＋债权融资"模式为特色、服务于创新型小企业客户群的全新品牌。经过三年的建设，尤其是2013年客户倍增计划实施以来，"千鹰展翼"客户群基础不断夯实，截至2013年12月末全行入库客户达17344户，较2012年末增长128.78％，其中67％的客户获得授信，有贷款余额的企业占比为47％，期末贷款余额达1305.28亿元，较2012年末增长99.58％。

总结2013年以来各家银行在品牌建设方面的努力可见，大型银行依托自身规模优势，将更多的资源用于高端客户和海外资源的开拓，中小银行则是一方面在中小企业方面巩固并发展市场，另一方面在某些具有比较优势的高端业务方面进一步精细化发展。但是其中的不足也应该注意到，尤其是在高端客户的争取与关系维护方面具有严重的同质化现象，这对于银行业务发展和专业化品牌塑造并不能产生有建设性的良性影响。

（三）渠道建设

完善的销售渠道是银行产品推广和服务传递的重要保证。从2013年各家银行所提供的年报分析来看，传统银行物理网点分布格局依然保持。大型银行的网点覆盖程度相对于中小银行要更为全面。股份制商业银行时下受其自有资源限制，要更多地在目标客户群集中度高的地方对网点做精细化管理。四大国有银行中，农业银行依托其传统规模优势，对部分网点进行标准化升级。截至2013年底，农业银行网点共计18786家，第二、第三、第四名分别是工商银行（17574家）、建设银行（14650家）、中国银行（10682家）。但同时需要注意的是，中国银行在海外有大量的分支机构，在数量上相对于国内其他银行具有绝对优势（见图8）。

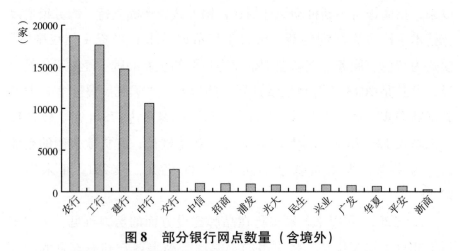

图8 部分银行网点数量（含境外）

资料来源：各银行2013年年报。

2013年以来，各家银行在自身资源允许的条件下，大力发展网络银行，这方面大型银行和中小股份制商业银行具有明显的趋同性，一方面是积累下大量的本行网络银行客户，另一方面是逐步布设自助银行，努力提高电子银行业务办理量。2013年部分银行的自助银行数量见图9。在业务增量方面，2013年提升自助设备的业务量成为各家银行的重点规划领域，以5家大型银行为代表，其自助设备的业务量均实现了两位数的增长，其中，工商银行增长25.20%、建设银行增长29.42%、农业银行增长40.90%、中国银行增长20.83%、交通银行增长19%。在电子银行业务笔数占全行业务的比例方面，中小银行较高，大型银行较低（见图10）。这是因为中小股份制银行网点相对更加集中于大中型城市，而大中型城市居民普遍在生活效率、个人素质、资产状况方面都达到了相对理想的水平。同时，相对于柜员作业，自助银行的准确性更高，虽然自助银行建设初期投资成本比较高，但是正式运营之后结合上述优点，建设成本可以在日后时段有序

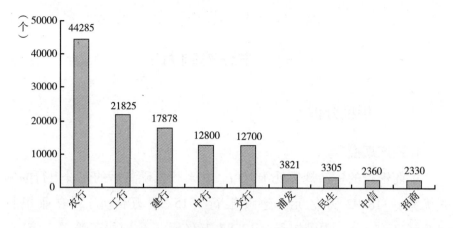

图9 部分银行的自助银行数量

资料来源：各银行2013年年报。

平摊，显然时下在大中城市快速发展自助银行符合各家银行的长远利益。大型银行网点分布广泛，在某些地区，当地的消费成本、居民文化水平、客源密度均达不到要求，因此自助银行的运营维护成本相对于其所产生的效益过高，这也是大型银行在此方面比例低于部分中小型股份制商业银行的重要原因之一。

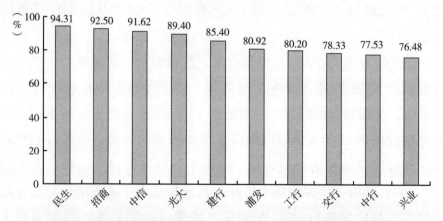

图10 部分银行电子银行业务笔数占全行业务笔数的比例

资料来源：各银行2013年年报。

七 市场影响力

（一）规模分析

1. 资产规模

工商银行的资产规模处于首位，相对于紧随其后的建设银行的领先优势达 18.92 万亿元，建设银行（15.36 万亿元）、农业银行（14.56 万亿元）、中国银行（13.87 万亿元）分别居于第二、第三、第四位，工、建、农、中四家银行在资产规模方面明显形成了中国银行业的第一梯队。交通银行以 5.96 万亿元的资产规模名列第五，相对于其他的股份制商业银行仍然保持着相当大的优势。截至 2013 年底，资产超过 3 万亿元的股份制商业银行共计 5 家，按资产排名依次是招商银行（4.02 万亿元）、浦发银行（3.68 万亿元）、兴业银行（3.67 万亿元）、中信银行（3.64 万亿元）、民生银行（3.23 万亿元）。3 家银行资产超过 1.5 万亿元，分别是光大银行（2.42 万亿元）、平安银行（1.89 万亿元）、华夏银行（1.67 万亿元）（见图11）。

资产增速方面，5 家大型银行中，建设银行、农业银行、中国银行的资产增速都高于 9%，工商银行资产增速明显放慢，仅为 7.84%，交通银行增长强劲，增速为 13.04%。相对于大型银行，股份制银行在 2013 年大多继续保持了强劲增长的态势，受政府宏观调控作用和经济企稳的环境影响，除民生银行（0.44%）和光大银行（5.96%）的资产实现小幅增长外，其余都实现了大幅增长，其中增长最快的是广发银行，达 25.83%，增速居末的兴业银行也达到了 13.12%。但是也应该注意到，相对于 2012 年的表现，股份制商业银行增速也明显放缓（见图 11）。

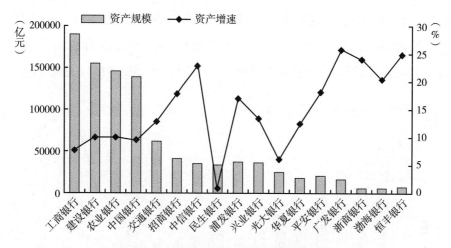

图11 全国性银行资产规模及增速

资料来源：各银行2013年年报。

2. 存款规模

截至2013年末，全国金融机构人民币各项存款余额为104.4万亿元，同比增长13.8%，增速比2012年末高0.4个百分点。工商银行的存款总量排名第一，存款总额为14.62万亿元，占金融机构存款总额的14%。但建设银行、农业银行、中国银行的存款规模与工商银行的距离有小幅拉近，分别为12.22万亿元、11.17万亿元、10.10万亿元，都占到了金融机构存款总额的10%以上，前四的地位难以撼动。交通银行相对于其他股份制商业银行而言，存款规模仍然大幅领先，达4.16万亿元，占金融机构存款总额的3.98%。其余各家股份制商业银行占金融机构存款总额比重均不超过3%，其中存款规模超过2万亿元的银行分别是招商银行（2.78万亿元）、中信银行（2.65万亿元）、浦发银行（2.42万亿元）、兴业银行（2.17万亿元）、民生银行（2.15万亿元）（见图12、图13）。

存款增速方面，工商银行和建设银行的增速较缓，分别为7.17%和7.76%，农业银行和中国银行增速相对较快，分别为

9.92%和10.07%。股份制商业银行中除招商银行的增速为9.59%外，其余都保持在10%以上，其中渤海银行、浙商银行和恒丰银行增长表现显著，增速分别达47.06%、21.95%和20.78%（见图12）。

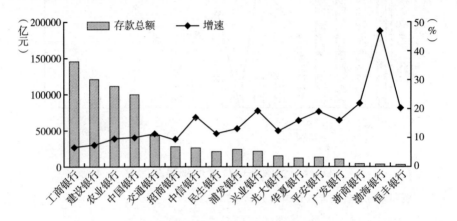

图12 全国性银行存款总额及增速

资料来源：各银行2013年年报。

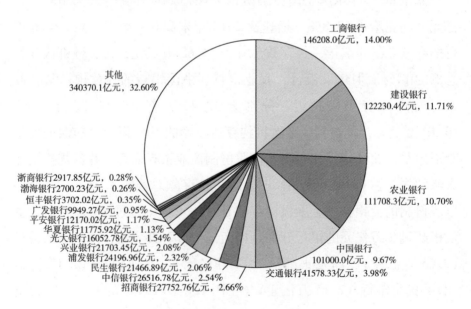

图13 全国性银行存款份额

资料来源：各银行2013年年报，2013年四季度中国货币政策执行报告。

公司存款规模方面,工商银行(7.50万亿元)、建设银行(6.05万亿元)、农业银行(4.31万亿元)、中国银行(4.18万亿元)四大行的公司存款规模分列前四,均超过了4万亿元。其中工商银行依然保持绝对领先地位,农业银行与中国银行所取得的成绩相近。交通银行以2.80万亿元居于第五位。股份制商业银行中,中信银行公司存款规模最大,为2.03万亿元,接近工商银行的1/3;增速方面,渤海银行、兴业银行、浙商银行、恒丰银行都保持了20%以上的增速,分别为47.20%、38.00%、22.62%和20.87%,增速较缓的为光大银行,仅为8.32%(见图14)。

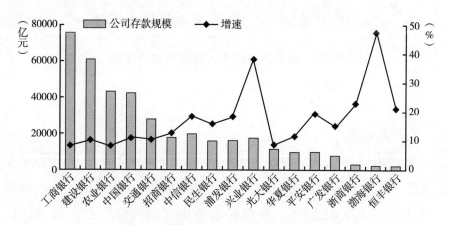

图14 全国性银行公司存款规模及增速

资料来源:各银行2013年年报。

个人存款规模方面,2013年股份制商业银行与四大银行之间仍然有显著差距,四大银行在个人储蓄方面凭借其规模优势维持着巨大的影响力,个人存款规模分别为工商银行6.90万亿元、建设银行5.42万亿元、农业银行6.92万亿元、中国银行3.91万亿元。交通银行以1.35万亿元的规模居于第五。全国性股份制商业银行中规模最大的为招商银行(9683亿元),并且相对于其他同性质银行具有一定的优势。但其他同性质银行在规模增速方面表现抢眼,其中增速较高的为恒丰银行、渤海银行和中信银行，分别达 50.34%、45.56% 和 32.72%（见图 15）。

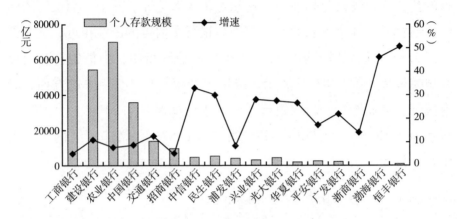

图 15　全国性银行个人存款规模及增速

资料来源：各银行 2013 年年报。

3. 贷款规模

截至 2013 年底，全国性金融机构人民币贷款金额为 71.9 万亿元人民币。其中，全国性商业银行贷款总额达到 27.88 万亿元，占金融机构贷款总额的 44.27%。规模排名方面，四大银行仍处前四的位置，相应规模分别为工商银行 9.92 万亿元、建设银行 8.59 万亿元、中国银行 7.61 万亿元、农业银行 7.22 万亿元，分别占全国性金融机构人民币贷款总额的 13.80%、11.95%、10.58%、10.05%。交通银行以 3.27 万亿元的规模排名第五。股份制商业银行中贷款规模超过 1 万亿元人民币的银行共计 6 家，分别为招商银行（2.20 万亿元）、中信银行（1.94 万亿元）、浦发银行（1.77 万亿元）、民生银行（1.57 万亿元）、兴业银行（1.36 万亿元）、光大银行（1.17 万亿元）（见图 16、图 17）。

贷款增速方面，建设银行以 14.35% 的增速在四大银行中继续排

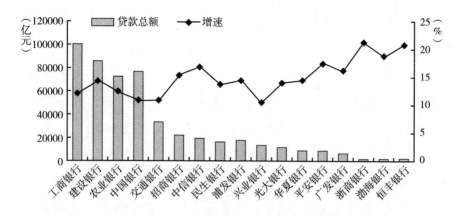

图16 全国性银行贷款规模及增速

资料来源：各银行2013年年报。

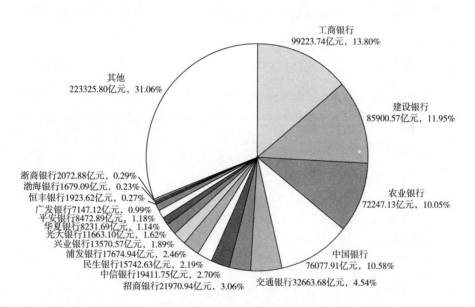

图17 金融机构贷款份额

资料来源：各银行2013年年报，2013年第4季度中国货币政策执行报告。

名第一，工商银行、农业银行和中国银行的增速分别为12.07%、12.30%、10.82%。交通银行的增速与中国银行相近，为10.83%。

全国性股份制商业银行的增速普遍较快，除兴业银行（10.40%）外，其余银行的增速都大幅超过 10%，其中增速超过 15% 的该类银行共计 7 家，分别为浙商银行（21.10%）、恒丰银行（20.80%）、渤海银行（18.68%）、平安银行（17.55%）、中信银行（16.73%）、广发银行（16.07%）、招商银行（15.37%）（见图 16）。

公司类贷款方面，工商银行以 7.05 万亿元的规模领先于所有银行，而建设银行以 1.6 万亿元的差距居于第二名，农业银行和中国银行分别以 4.60 万亿元和 3.69 万亿元居于第三和第四名。交通银行以 2.52 万亿元居于第五名。全国性股份制商业银行中公司类贷款规模突破万亿元的共计 4 家，分别为中信银行（1.44 万亿元）、浦发银行（1.34 万亿元）、招商银行（1.33 万亿元）、兴业银行（1.06 万亿元）（见图 18）。

增速方面，大部分银行保持在 10% 以下，增速超过 15% 的银行有 4 家，分别为兴业银行（25.40%）、浙商银行（21.69%）、渤海银行（15.15%）和招商银行（15.00%），此外，中信银行增速也较快，为 14.57%（见图 18）。

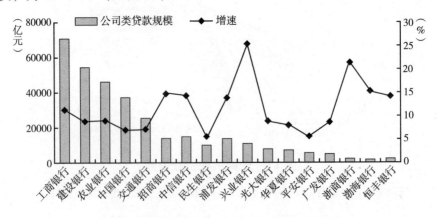

图 18　全国性银行公司类贷款规模及增速

资料来源：各银行 2013 年年报。

个人贷款规模方面，四大银行具有明显优势，分别为工商银行2.73万亿元、建设银行2.46万亿元、农业银行2.09万亿元和中国银行1.86万亿元，并且2013年依旧保持了个人贷款规模在1万亿元以上的银行仅此4家的格局。除此之外，个人贷款规模超过0.4万亿元的银行共计4家，分别为招商银行（0.80万亿元）、交通银行（0.75万亿元）、民生银行（0.60万亿元）、中信银行（0.44万亿元）。增速方面，除恒丰银行表现突出外，其他银行的个人贷款增速均在60%以下（见图19）。

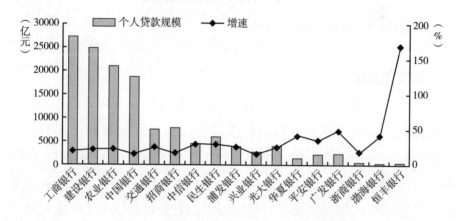

图19 全国性银行个人贷款规模及增速

资料来源：各银行2013年年报。

票据贴现方面，2013年四大银行的票据贴现表现与2012年基本一致，分别为工商银行1482亿元、中国银行1380亿元、农业银行1286亿元、建设银行1169亿元。其他银行的票据贴现规模均在1000亿元以下，其中规模超过300亿元的银行共5家，分别为浦发银行（888亿元）、招商银行（710亿元）、中信银行（647亿元）、交通银行（604亿元）、民生银行（333亿元）。其他股份制商业银行的票据贴现规模均未超过150亿元（见图20）。

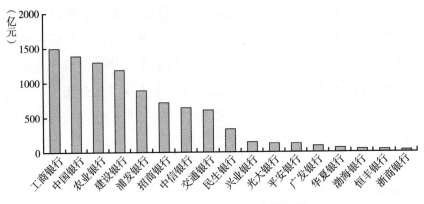

图20 全国性银行票据贴现规模

资料来源：各银行 2013 年年报。

4. 网点数量

银行营业网点数量的多少直接影响到银行覆盖客户的能力和其社会认知度的高低。在营业网点的建设方面，大型银行的"总行——二级分行——二级支行和营业部"的组织结构远比股份制银行复杂，并且从地域上看其营业网点广泛分布于乡镇一级，相对于股份制商业银行具有不可比拟的优势。大型银行中，农业银行以 18786 家网点居于首位，农业银行在 2013 年完成 1200 家网点的布局迁址，对大量网点进行标准化建设，截至 2013 年底已经完成了 80% 的网点改造，使相应的网点可以实现功能分区。工商银行以 17574 家网点紧随其后，之后是建设银行（14650 家）和中国银行（10682 家）。但需要注意的是，中国银行目前仍是我国唯一一家入选全球系统重要性银行的银行，其优势在于规模较为庞大的海外机构和国际业务，因此其在国际市场上的影响力不能仅凭网点数量进行衡量。交通银行网点数量达到 2690 家，与四大银行有明显差距，但是仍大大领先于其他股份制商业银行。民生银行在小区战略金融方面取得了明显的进步，2013 年，民生银行积极推进小区金融产品体系及渠道网络和系统建设，已有

3305家社区银行和自助服务网点建成并运营。其他全国性股份制商业银行中网点超过500家的银行共计9家，分别是中信银行（1073家）、招商银行（934家）、浦发银行（915家）、光大银行（853家）、民生银行（852家）、兴业银行（826家）、广发银行（661家）、华夏银行（539家）、平安银行（528家）。

全国性银行网均存款和贷款情况分别见图21、图22。

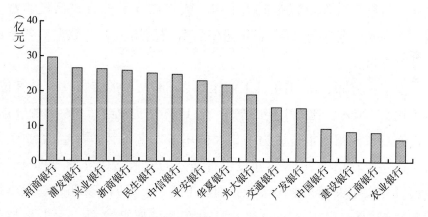

图21　各银行网均存款

资料来源：各银行2013年年报。

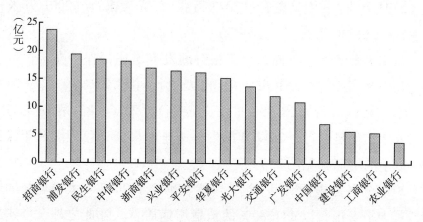

图22　各银行网均贷款

资料来源：各银行2013年年报。

（二）战略性业务

1. 信用卡业务

信用卡当前已经成为消费者普遍使用的消费金融工具，信用卡业务也成为各家银行开拓个人金融业务时重点争夺的市场。为了抢占市场份额，各家银行不断进行信用卡产品创新，并努力提升服务品质，例如，与商家合作对特定信用卡持卡人提供优惠的方式已经非常普遍。下面基于各银行2013年年报中公布的信用卡业务数据对各家银行进行分析。

发卡量方面，2013年，工商银行以8805万张雄踞发卡量首位，增速达14.20%，比2012年增速（9.17%）提高了5.03个百分点；建设银行取代招商银行成为第二大信用卡发卡银行，数量达5201万张，这主要归功于2013年建设银行强劲的发卡增速（28.99%）。招商银行、农业银行、中国银行分别居于第三、第四、第五位，发卡量分别达5121万张、4438万张、4189万张。除此之外，发卡量超过1500万张的股份制商业银行分别为交通银行（3020万张）、广发银行（2793万张）、中信银行（2077万张）、光大银行（2001万张）、民生银行（1740万张）（见图23）。

信用卡发卡增速方面，各家银行的发卡增速都保持在两位数以上，其中华夏银行（51.62%）、光大银行（37.27%）、浦发银行（32%）、建设银行（28.99%）、平安银行（25.60%）表现尤为显著。其中，华夏银行在2012年的发卡增速为55%，已连续两年保持50%以上的增速（见图23）。

2013年各家银行信用卡消费额增长延续了2012年大幅增长的趋势，其中平安银行以141.80%的消费增速居首。除此之外，增速超过50%的银行共计6家，分别为民生银行（98.32%）、光大银行（90.62%）、广发银行（79.01%）、浦发银行（77%）、兴业银行

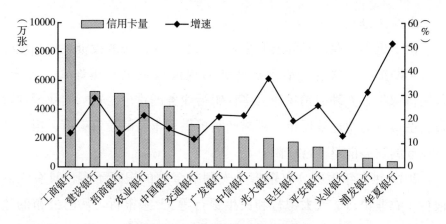

图23 信用卡发卡量及增速

资料来源：各银行2013年年报。

（75.58%）、中信银行（68.09%），而建设银行信用卡消费增速也达到49.48%。从卡均消费来看，平安银行以3.82万元的年消费额居首，民生银行信用卡卡均消费额以3.45万元居于第二位。其他卡均消费超过2万元的银行共计6家，分别为光大银行（2.92万元）、交通银行（2.62万元）、兴业银行（2.53万元）、建设银行（2.45万元）、中国银行（2.43万元）、浦发银行（2.26万元）（见图24）。

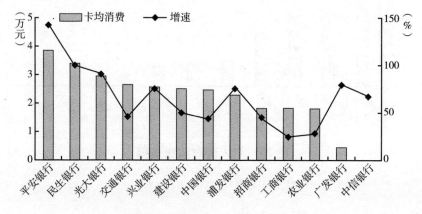

图24 信用卡卡均消费及增速

资料来源：各银行2013年年报。

2. 个人理财

由于近年来我国实际通胀率较高以及广大居民的投资意识和理财需求不断提高，银行开展理财业务的规模也在呈"爆炸式"上升，各银行都将个人理财销售作为零售银行业务的重中之重。而我国现阶段金融市场的快速发展也为理财产品提供了丰富的投资渠道，银行理财业务的发展前景非常广阔。

2013 年在年报中公布销售个人理财金额的银行不多，只有工商银行、农业银行、光大银行和民生银行等 11 家银行。从已公布的数据来看，大型银行的个人理财销售规模远高于股份制银行。建设银行以 68711 亿元的规模居于首位，工商银行和农业银行的销售规模差距很小，分别为 43817 亿元和 40959 亿元。随后是招商银行，为 33988 亿元。浦发银行、中信银行和民生银行的销售金额均超过 10000 亿元，其中浦发银行达到 15500 亿元，而其他两行分别为 12821 亿元和 11105 亿元（见图 25）。

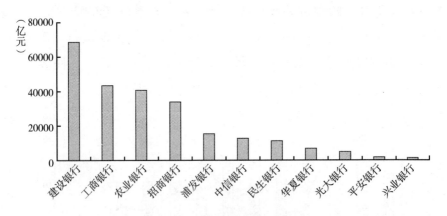

图 25　个人理财销售规模

资料来源：各银行 2013 年年报。

在年报中公布代销基金情况的银行也比较少，从年报的数据来看，民生银行、工商银行和招商银行在代销基金业务上所占市场份额较高。其中，民生银行代销基金 12800 亿元，工商银行代销基金 8881 亿元，招商银行代销基金 4405 亿元，农业银行代销基金 2756 亿元。

不过，我们应该看到，银行在发展理财业务方面还有许多不规范之处，就此，2013 年 3 月，银监会发布《关于规范商业银行理财业务投资运作有关问题的通知》（银监发〔2013〕8 号），要求银行加强信息披露、风险管理并实施限额控制；严格审查合作机构的资信实力、资金去向和风控措施；实现每个理财产品与所投资资产相对应，做到每个产品单独管理、建账和核算；对于达不到资金来源与运用对应的非标准化债权资产，比照自营贷款计提资本，防止监管套利；要求银行持续探索理财业务投资运作的模式和领域，促进业务规范健康发展。此外，银监会对理财业务进行专项调查，加大对非标准化债权资产、"资金池"等操作行为的现场检查力度；采取调查、暗访等监管手段，加强对商业银行理财产品销售活动的行为监管；加强对重点地区和机构的风险监测，建设"全国银行业理财信息登记系统"。

3. 国际结算和贸易融资

国际结算和贸易融资也是银行竞争的重点业务，因为该业务能够为银行提供高回报、低风险的收入来源。特别是我国银行业近年来大力发展中间业务，拓展其他收入来源，因此国际结算和贸易融资业务也得到了各银行的高度重视。下面基于 2013 年年报中公布的国际结算和贸易融资业务数据对各家银行进行分析。

国际结算业务是中国银行的传统优势，该行 2013 年国际结算业务快速上升，增长率为 23.02%，国际结算业务总额高达 34200 亿美元，是排名第二的工商银行的 1.46 倍，是排名第三的建设银行的 3.11 倍。工商银行国际结算业务量仅次于中国银行，并且在 2013 年实现了该业务的快速增长，达到 23338 亿美元，增长率为 21.20%。

相比之下，其他 3 家大型银行的国际结算业务差距较大，建设银行、农业银行和交通银行分别为 11000 亿美元、7810 亿美元和 5568 亿美元，不过农业银行和交通银行 2013 年该业务增长速度较快，分别达到 16.40% 和 21.01%。在中小银行中，招商银行、中信银行、平安银行和浦发银行的国际结算业务规模比较突出，2013 年分别达到 4249 亿美元、3200 亿美元、2723 亿美元和 1800 亿美元。其中，浦发银行国际结算业务增速最快，为 69%，其他银行的增长率也都超过了 20%（见图 26）。

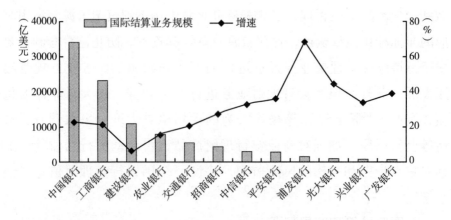

图 26　国际结算业务规模及增速

资料来源：各银行 2013 年年报。

在 2013 年年报中公布贸易融资业务具体数额的银行较少，如图 27 所示。从已公布的数据来看，各银行都取得了不错的增长业绩。大型银行处于主导地位，其中，工商银行贸易融资规模最大，达到 1737 亿美元，增长率为 18.89%。建设银行和中国银行分别以 1221 亿美元和 1020 亿美元名列第二、第三。其他银行的贸易融资规模较小，但是发展非常迅猛，潜力巨大。例如，交通银行和兴业银行的融资规模虽然分别仅为 375 亿美元和 592 亿美元，但增长率分别达到了 58.59% 和 37.28%。

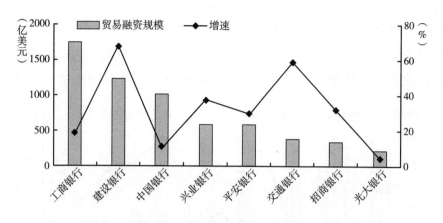

图27　贸易融资规模及增速

资料来源：各银行2013年年报。

4. 资产托管

随着直接融资市场的改革和财富管理市场的不断扩大，资产托管的地位和作用愈发重要。当前我国资本市场面临着从数量向质量的转变，资产管理将成为未来资本市场中具有较大发展潜力的行业之一，持续拓展资产托管业务有助于银行的业务结构调整和利润率的提高。

2013年各家银行都在不断扩大基金托管、保险托管等业务的规模。中国银行2013年资产托管增速达25%，托管资产规模超过50000亿元，继续保持我国最大的资产托管银行的地位。工商银行托管资产规模为46213亿元，增长速度较低，仅为16.80%。农业银行和建设银行分别取得了20.60%和14.79%的较快增长速度，截至2013年末，两行托管资产规模分别为35859亿元和31000亿元。股份制商业银行资产托管的规模虽然不及大型银行，但发展速度可以用急速上升来形容，已经公布数据的几家银行的资产托管规模与2011年相比几乎都增加了80%以上。兴业银行2013年在资产托管业务上的成绩突出，该行取得了高达89.54%的增长率，资产托管规模达到30862亿元，是仅次于四大银行的资产托管银行。几家股份制银行虽然托管规模不及兴业银行，但其发展速度更快，其中，浦发银行2013年该业务实现了124.29%的增长。可见，资产托管是各家银行开拓业务收入的重点领域，今后该领域的竞争将日益白热化。

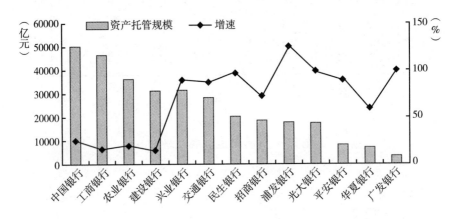

图28 资产托管规模及增速

资料来源：各银行2013年年报。

5. 境内短期融资债及中期票据承销

短期融资债和中期票据承销是银行重要的投资银行业务。随着越来越多的企业和银行选择通过短期融资债和中期票据进行融资，债券承销不仅成为银行的一项重要收入来源，也成为衡量银行市场影响力的重要标准之一。

结合各行承销的短期融资债和中期票据发行金额可以看出，股份制银行（除兴业银行外）承销债券每次承销的规模，还是不及大型银行。按承销短期融资债和中期票据的金额划分，以较大优势排名前五的分别为建设银行（3424亿元）、工商银行（3094亿元）、兴业银行（2412亿元）、农业银行（2400亿元）和中国银行（2125亿元），排名榜首的建设银行和位居次席的工商银行间的差距近400亿元。其他披露数据的银行分别为光大银行（1875.1亿元）、招商银行（1475.4亿元）、浦发银行（1450.26亿元）、民生银行（1105.2亿

元）、华夏银行（840亿元）、广发银行（330.28亿元）、中信银行
（168亿元）。

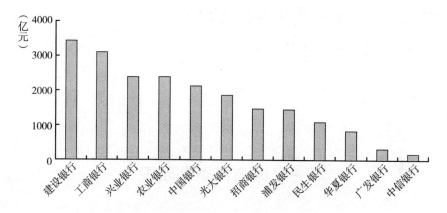

图29 短期融资债及中期票据承销规模

资料来源：各银行2013年年报。

B.4

2013年中国城市商业银行
竞争力评价报告

张坤 欧明刚*

一 城商行财务状况

截至 2013 年底，我国城商行总数为 143 家。2013 年，城商行资产负债规模增速略低于 2012 年，但仍然高于银行业平均水平，城商行资产负债规模在银行业金融机构中的占比继续增长；不良贷款继续"小幅双升"，但资产质量仍保持在较好水平，风险抵偿能力也保持在较高水平；资本金补充压力较大，流动性风险有所暴露，但资本金和流动性保持充足；盈利水平继续增长，但增幅继续下降，盈利能力有所下降，但高于商业银行平均水平；收入来源仍然以利息净收入为主。

（一）资产负债情况

2013 年，城商行发展速度略低于 2012 年，但仍高于行业平均水平。银监会 2013 年年报显示，截至 2013 年底，银行业金融机构资产总额达到 151.4 万亿元，比年初增加了 17.7 万亿元，净增长 13.2%；负债总额为 141.2 万亿元，比年初增加了 16.2 万亿元，净增长 13.0%。截至 2013 年底，城商行资产总额超过 15 万亿元，达到 15.2 万亿元，比年初增长

* 张坤，经济学博士，现供职于华融湘江银行；欧明刚，外交学院教授、博士生导师，国际金融研究中心主任。

22.9%，增速略低于2012年的23.7%；负债总额超过14万亿元，达到14.2万亿元，比年初增长22.9%，增速略低于2012年的23.8%；所有者权益总额接近1万亿元，达到9974亿元，比年初增长23.5%，增速高于2012年的21.6%（见图1、图2、图3、图4）。

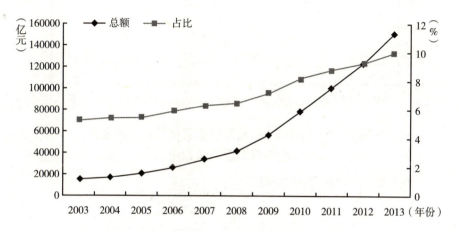

图1　2003～2013年城商行资产总额及其在银行业金融机构中的占比

资料来源：银监会2013年年报。

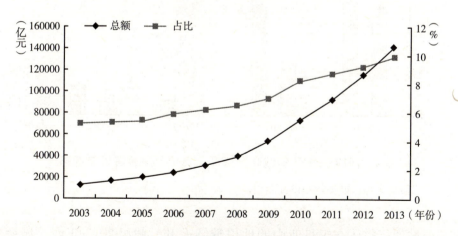

图2　2003～2013年城商行负债总额及其在银行业金融机构中的占比

资料来源：银监会2013年年报。

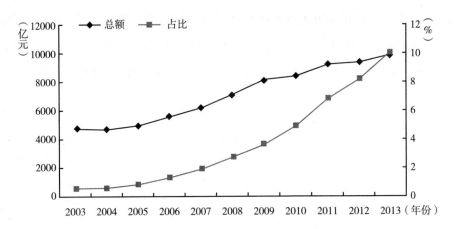

**图3 2003~2013年城商行所有者权益总额及其
在银行业金融机构中的占比**

资料来源：银监会2013年年报。

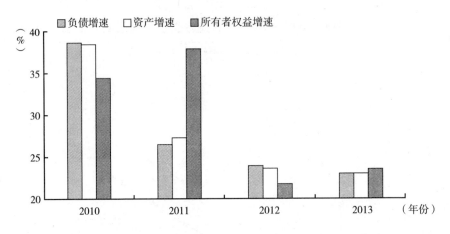

图4 2010~2013年城商行资产、负债及所有者权益增速

资料来源：银监会2013年年报。

城商行整体在银行业中的地位继续上升。截至2013年底，城商
行资产总额在全部银行业金融机构资产总额中的占比超过10%，达
到10.03%，比2012年底提高了0.79个百分点（见图5）。城商行负

债在银行业金融机构中的比重与资产的情况基本类似，从2012年底的9.24%增加到10.04%（见图6）。但与大型银行和全国性股份制银行相比，数量上占多数的城商行的资产占比和负债占比仍然较低。

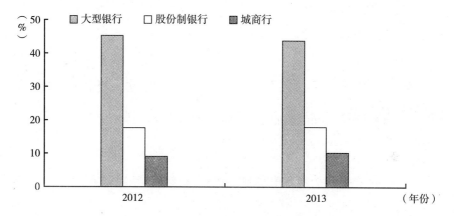

图5　2012年、2013年大型银行、股份制银行和城商行资产
在银行业金融机构中的比重

资料来源：银监会2013年年报。

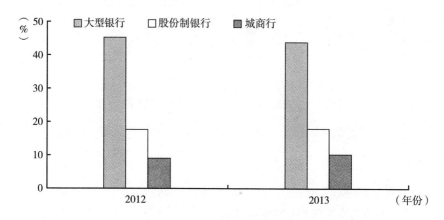

图6　2012年、2013年大型银行、股份制银行和城商行负债
在银行业金融机构中的比重

资料来源：银监会2013年年报。

从单个银行看，近年来，单家城商行平均规模持续增加。截至2013年底，单个城商行平均资产总额首次超过1000亿元，达到1047亿元；单个城商行平均负债总额达到978亿元（见图7）。截至2013年底，资产规模超过1000亿元的城商行总数达到43家，比年初增加7家；存款总额超过1000亿元的城商行总数达到26家，比年初增加6家。北京银行、上海银行和江苏银行仍然是仅有的3家资产规模超过5000亿元的城商行，它们在资产、负债、存款、贷款4个单项指标排名中位列前三。其中，规模最大的北京银行截至2013年底的资产总额达到1.34万亿元。

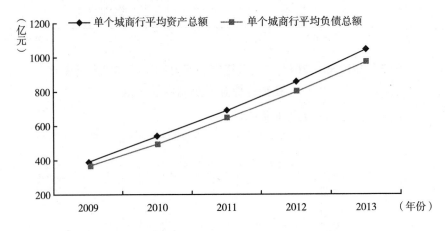

图7　2009～2013年单个城商行平均资产和负债总额

资料来源：银监会年报。

（二）贷款质量

资产质量是影响银行盈利水平和可持续经营的重要因素。国内银行业大约一半的资产都是贷款，贷款不良情况可以说是影响资产质量的最重要因素。2013年城商行不良贷款余额和不良贷款率继续了2012年以来的"小幅双升"。2013年城商行不良贷款余额持续上升，截至 2013 年底达到 548 亿元，比 2012 年底增加了 30.8%，增速略高于 2012 年（见图 8）。从图 8 看，城商行不良贷款余额持续增长的势头仍在继续。

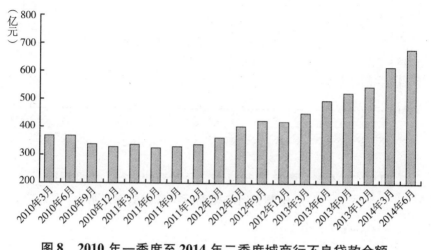

图8　2010 年一季度至 2014 年二季度城商行不良贷款余额

资料来源：银监会统计信息。

2013 年城商行不良贷款率仍然低于行业平均水平。截至 2013 年底，城商行不良贷款率增至 0.88%，比 2012 年底提高了 0.07 个百分点。城商行不良贷款率低于同期商业银行平均水平（1.00%）和大型银行平均水平（1.00%），但略高于全国性股份制银行平均水平（0.86%）（见图 9）。从 2014 年上半年数据看，城商行不良贷款率增幅有所加快。

从不同规模区间的城商行情况看，不同规模区间的城商行的不良贷款率均值各有不同。图 10 显示，截至 2013 年底，资产规模为 500 亿~1000 亿元的城商行的不良贷款率均值最高，达到 0.95%，尽管仍然低于商业银行不良贷款率平均水平，但高于城商行不良贷款率平均水平。资产规模小于 500 亿元、处于 1000 亿元到 2000 亿元之间，以及大于 2000 亿元 3 个区间的城商行的不良贷款率均值比较接近，

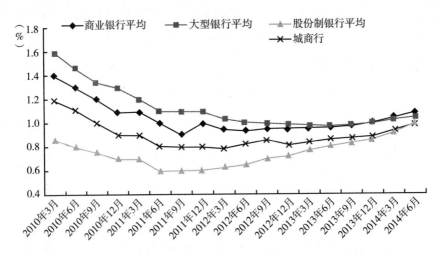

**图9 2010年一季度至2014年二季度商业银行、大型银行、
股份制银行与城商行不良贷款率走势**

资料来源：银监会统计信息。

均低于城商行平均水平。不良贷款率均值最低的是资产规模为1000
亿~2000亿元的城商行，为0.84%。

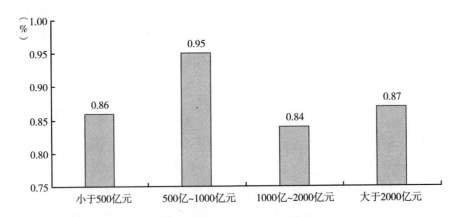

图10 2013年不同规模区间的城商行的不良贷款率均值

资料来源：《银行家》数据库。

（三）风险抵偿能力

2013 年，城商行信贷风险抵偿能力仍然保持在较高水平。银行需要计提充足的贷款损失准备金以吸收来自信贷资产方面的损失，贷款损失准备金的充足性通过拨备覆盖率来衡量。截至 2013 年底，城商行拨备覆盖率均值为526%。拨备覆盖率均值最高的是资产规模为500 亿~1000 亿元的城商行，达到717%，最低的是资产规模大于2000 亿元的城商行，为298%。

进入 2014 年，城商行拨备覆盖率有所下降，但仍然保持在较高水平。根据银监会的统计信息，2014 年一季度末，城商行拨备覆盖率的平均水平为290.02%，二季度末为277.74%，均高于商业银行平均水平，也高于大型银行和股份制银行的平均水平（见图11、图12）。

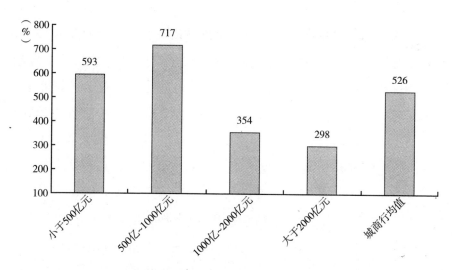

**图11　2013 年不同规模区间的城商行的拨备覆盖率均值
与城商行拨备覆盖率平均水平**

资料来源：《银行家》数据库。

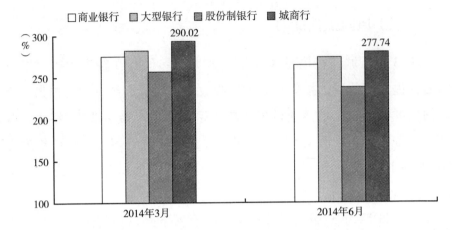

图12　2014年一季度末和二季度末银行业拨备覆盖率

资料来源：银监会统计信息。

（四）资本充足性

根据银行业的经营惯例，对于可预期的损失，可以计提损失准备金来吸收，资本金则用于吸收非预期损失。自2013年1月1日起，《商业银行资本管理办法（试行）》正式实施。为了配合新资本管理办法的实施，银监会出台了《关于商业银行资本工具创新的指导意见》，推动和规范银行业开展含"减记"或"转股"条款的资本工具创新，拓宽资本补充渠道，增强银行体系的稳健性。在优先股试点方面，2013年11月30日，国务院发布《关于开展优先股试点的指导意见》，2014年3月21日证监会发布《优先股试点管理办法》，2014年4月18日银监会与证监会联合发布《关于商业银行发行优先股补充一级资本的指导意见》，规范银行业优先股发行，进一步拓展银行业一级资本补充渠道，提升银行业资本质量。

2012年城商行为了赶上"旧版"次级债发行的末班车，积极发行次级债补充资本金，但2013年城商行在发行含"减记"或"转股"条款的资本工具以及优先股试点方面，鲜有作为。城商行的资本补充仍然主要通过增资扩股和利润留存来实现。

在新资本管理办法下，资本充足率的计算方法更趋严格，例如，新增操作风险资本要求、对合格资本工具采用更严格定义、对信用风险权重进行调整、取消市场风险的计算门槛等因素，按新资本管理办法计算的资本充足率总体有所下降。自2013年一季度起，银行业披露的资本充足率相关指标调整为按照新办法计算的数据结果，与历史数据不可直接比较。

城商行的资本充足性均满足了银监会的资本要求。2013年底，城商行资本充足率均值为12.19%，高于A股16家上市银行的资本充足率均值（11.50%）；一级资本充足率均值和核心一级资本充足率均值基本一致，略有不同，前者是10.73%，后者是10.75%，均高于商业银行平均水平和A股16家上市银行的均值（见图13）。根据银监会统计信息，2014年一季度末，商业银行资本充足率平均水平从年初的12.19%下降至12.13%，二季度末增至12.40%。2014年一季度末，城商行资本充足率平均水平为11.90%，低于大型银行的12.56%，高于股份制银行的10.55%，二季度末，大型银行和股份制银行的资本充足率都在上升，但城商行资本充足率平均水平略有下降，至11.87%，低于大型商业银行的12.89%，高于股份制银行的10.92%。

从不同规模区间的城商行的情况看，资产规模为500亿~1000亿元和1000亿~2000亿元的城商行的资本充足率高于资产规模小于500亿元和大于2000亿元的城商行，但核心一级资本充足率与一级资本充足率则是随着资产规模区间的提升而下降的。资产规模大于2000亿元的城商行的资本充足率均值最低，为11.83%。排在倒数第二的是资产规模小于500亿元的城商行，该区间城商行资本充足率均值为12.53%。资产规模为500亿~1000亿元和1000亿~2000亿元

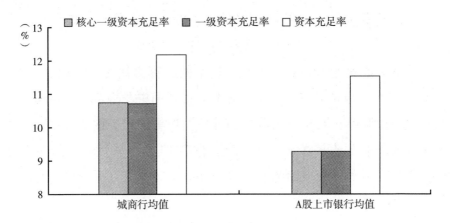

图13 2013年底城商行及A股上市银行资本充足率

资料来源：相关银行年报，银监会统计信息，《银行家》数据库。

的城商行的资本充足率均值一致，均为13.11%。核心一级资本充足率均值与一级资本充足率均值的情况基本一致，两者随着资产规模区间的提升而减小。资产规模大于2000亿元的城商行的核心一级资本充足率均值与一级资本充足率均值都是最低的，两者均约为9.83%（见图14）。

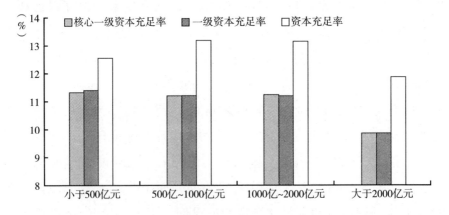

图14 2013年底城商行资本充足率均值

资料来源：《银行家》数据库。

（五）流动性状况

银行需要保持充足的流动性，以偿付到期债务、履行其他支付义务以及满足正常业务发展的资金需求。尽管 2013 年两度发生"钱荒"，但总体来看，城商行流动性状况仍然保持在较好水平。

1. 流动性比例

流动性比例用于衡量商业银行偿还短期债务的能力。2008 年以来，我国银行业金融机构和商业银行的整体流动性比例一直保持在 40% 以上，2013 年底商业银行整体流动性比例下降至 44.0%，比 2012 年底下降了 1.8 个百分点（见图 15）。

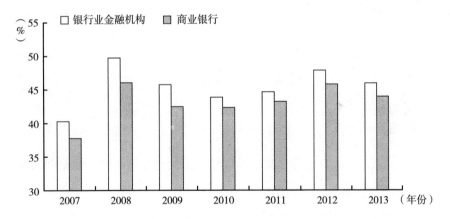

图 15 2007～2013 年银行业金融机构与商业银行的流动性比例

资料来源：银监会 2013 年年报。

整体上看，2013 年城商行流动性比例仍然保持在较高水平。2013 年底，城商行流动性比例平均值为 52.4%，比 2012 年底略有下降，但高于商业银行整体平均水平。其中，资产规模小于 1000 亿元的两个区间的城商行流动性比例均值均高于城商行流动性比例均值，资产规模大于 1000 亿元的两个区间的城商行流动性比例均值均低于城商行流动性比例均值（见图16）。

从处于不同规模区间的城商行来看，资产规模较大的城商行保持较低的流动性比例。这个特征与2012年的数据结果保持一致。在4个不同的规模区间中，资产规模大于2000亿元的城商行的流动性比例均值最低，为47.2%；流动性比例均值最高的是资产规模为500亿~1000亿元的城商行，为55.6%；资产规模小于500亿元和处于1000亿元到2000亿元之间的城商行的流动性比例均值分别是54.2%和49.8%（见图16）。

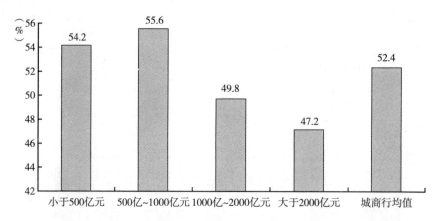

图16　2013年城商行整体与不同规模区间的城商行的流动性比例均值

资料来源：《银行家》数据库。

2. 存贷比

存贷比是银行贷款余额与存款余额之比。存贷比指标是我国银行业监管部门用于监控商业银行安全性、流动性、效益性的重要指标之一。2003年修订的《商业银行法》明确规定，商业银行存贷比不得高于75%。近几年，银行业存款竞争日趋加剧，存款稳定性有所下降，存款余额波动性日益提高，同时贷款增速仍然需要保持在一定的水平上，存贷比指标的约束逐步显现。每逢季末、年中、年底考核时点，银行业不得不采取各种手段增加存款总额，存贷比限制无形中成了诱发流动性波动、扰乱正常经营活动的因素。

为进一步完善存贷比监管，2014年6月份，银监会发布了《关于调整商业银行存贷比计算口径的通知》，明确了计算存贷比时贷款和存款的扣除项。从2014年7月1日起，银监会将对商业银行人民币业务实施存贷比监管考核，对本外币合计和外币业务存贷比实施监测。此次调整被认为具有引导信贷资金服务实体经济的"定向刺激"效果。

尽管银行业存贷比保持在较高水平，但城商行存贷比整体水平并不高。截至2013年底，银行业金融机构存贷比为74.5%，比2012年底增加了1.01个百分点。同期，城商行存贷比均值只有57.0%，比2012年底下降了约1个百分点，远低于银行业金融机构平均水平（见图17）。

从不同规模区间的城商行看，资产规模为1000亿～2000亿元的城商行的存贷比最低，仅55.3%；资产规模大于2000亿元的城商行的存贷比均值最高，为58.7%；资产规模小于1000亿元的两个区间的城商行的存贷比均值分别是57.9%和56.8%（见图17）。

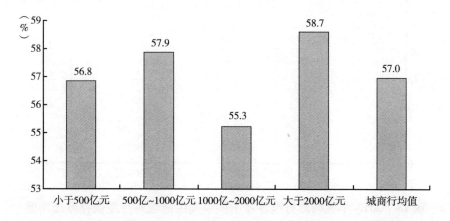

图17　2013年底城商行整体及不同规模区间城商行存贷比均值

资料来源：《银行家》数据库。

3. 负债存款比

负债存款比描述的是一般性存款在银行融资来源中所占比重。负债存款比越高，说明对存款的依赖程度越高。存款是银行业重要的融资来源，但近年来国内银行业存款波动性越来越高，给银行的经营活动和流动性管理带来了很大的压力。

截至2013年底，银行业金融机构存款总额占总负债的比重为75.8%，比2012年底增加了近0.3个百分点。同期，城商行负债存款比均值为79.2%，比2012年底略微有所下降。从处于不同规模区间的城商行来看，资产规模大于1000亿元的两个区间的城商行的负债存款比均值低于城商行整体的均值，资产规模小于1000亿元的两个区间的城商行的负债存款比均值高于城商行整体的均值。具体来看，资产规模为1000亿~2000亿元的城商行的负债存款比均值最低，为71.8%；资产规模小于500亿元的城商行的负债存款比均值最高，为85.6%；资产规模为500亿~1000亿元和大于2000亿元的城商行的负债存款比均值分别是80.9%和72.7%。

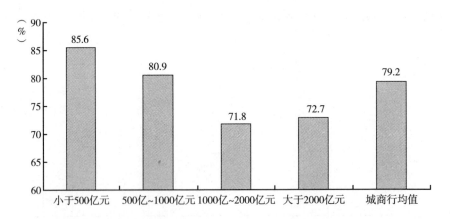

图18　2013年底城商行整体及不同规模区间城商行负债存款比均值

资料来源：《银行家》数据库。

（六）贷款集中度

2013年城商行贷款集中度有所下降，但仍然保持在较高水平。2013年，城商行最大单一客户贷款比例均值为5.9%，比2012年底下降了0.3个百分点，最大十家客户贷款比例均值为36.3%，比2012年底下降了4.8个百分点。

从不同规模区间城商行情况看，资产规模较大的城商行的贷款集中度相对较低。资产规模从低到高4个区间的城商行的最大单一客户贷款比例均值依次下降，分别是6.4%、5.9%、5.5%和5.3%（见图19）。资产规模大于2000亿元的城商行的最大十家客户贷款比例均值为25.8%，属4个资产规模区间最低；资产规模小于500亿元的城商行的最大十家客户贷款比例均值为44.4%，属4个资产规模区间最高；资产规模为500亿~1000亿元和1000亿~2000亿元的城商行的最大十家客户贷款集中度均值分别是33.6%和36.6%（见图20）。

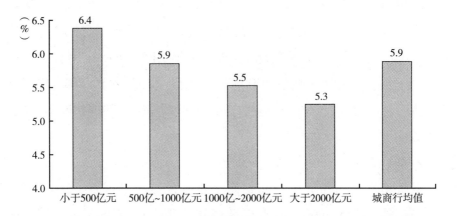

图19 2013年底城商行整体及不同规模区间
城商行单一客户贷款集中度

资料来源：《银行家》数据库。

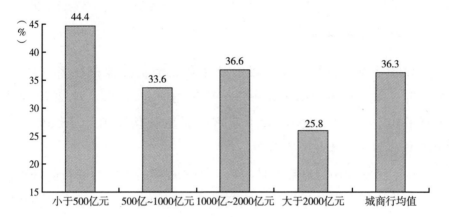

图20　2013年底城商行整体及不同规模区间城商行
最大十家客户贷款集中度

资料来源：《银行家》数据库。

（七）盈利状况

1. 盈利水平

2013年城商行盈利水平延续最近几年来的增长趋势，但增速进一步回落。2013年，城商行实现税后利润1641亿元（见图21），比2012年增长了20.0%，尽管增速比2012年下降了6.5个百分点，但仍然高于银行业金融机构税收利润的增长率（15.4%）。2013年，城商行税后利润总额在全部银行业金融机构利润总额中的占比略有上升，由2012年的9.0%增加至9.4%。

2. 盈利能力

从资本利润率和资产利润率两个指标的变化情况看，2013年银行业盈利能力有所下降，城商行盈利能力也有所下降。2013年，城商行资产利润率平均水平为1.19%，比2012年下降0.3个百分点，高于股份制银行1.17%，但低于大型银行1.33%和商业银行整体1.3%的平均水平（见图22）。同期，城商行资本利润率平均水平为

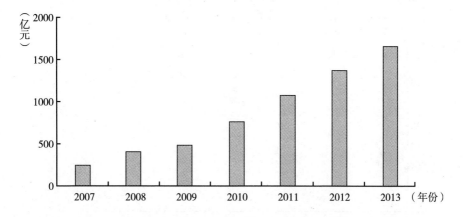

图21 2007~2013年城商行税后利润

资料来源：银监会2013年年报。

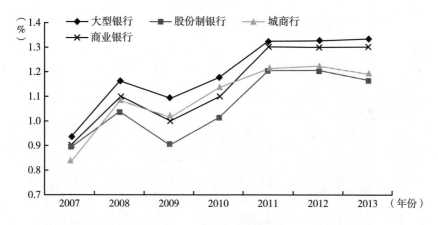

图22 2007~2013年不同类别商业银行的资产利润率

资料来源：银监会2013年年报。

18.19%，比2012年下降了0.4个百分点，低于大型银行19.98%和股份制银行20.27%的平均水平，也低于商业银行19.2%的平均水平（见图23）。

从不同规模区间的城商行数据看，城商行资产利润率随着资产规模的增大而下降。2013年，资产规模从小到大4个区间的城商行

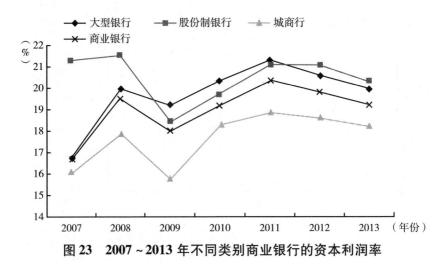

图23 2007~2013年不同类别商业银行的资本利润率

资料来源：银监会2013年年报。

的资产利润率均值依次为1.39%、1.25%、1.15%和1.14%（见图24）。

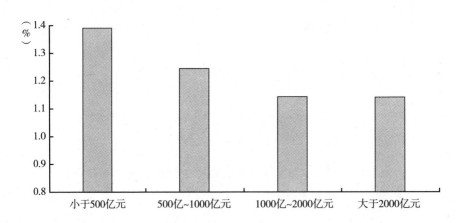

图24 2013年不同规模区间城商行资产利润率均值

资料来源：《银行家》数据库。

从图25所示的资本利润率均值看，资产规模大于2000亿元的城商行的资本利润率均值最高，为19.29%，低于大型银行和股份制银行，但高于商业银行平均水平。资本利润率均值最低的是资产规模为500亿~1000亿元的城商行，处于该区间的城商行的资本利润率均值仅为17.13%。资产规模小于500亿元和处于1000亿元到2000亿元之间的城商行的资本利润率均值分别是18.00%和17.79%。

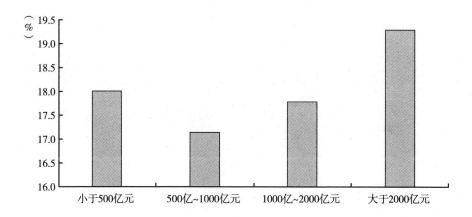

图25 2013年不同规模区间城商行的资本利润率均值

资料来源：《银行家》数据库。

3. 成本控制

成本控制能力可以通过成本收入比指标来衡量。成本收入比越低，说明银行单位营业收入的成本支出越低，银行的获利能力越强。2013年，城商行整体成本收入比均值为33.3%，比2012年略有上升。从不同规模区间的城商行数据看，成本收入比均值与资产规模之间呈非线性关系，这一关系与2012年的表现一致。资产规模大于2000亿元的城商行的成本收入比均值为31.2%，略低于资产规模小于500亿元的城商行的31.5%，属4个资产规模区间中最低。成本收入比均值最高的是资产规模为1000亿~2000亿元的城商行，达到35.9%。资产规模为500亿~1000亿元的城商行的成本收入比均值为34.6%（见图26）。

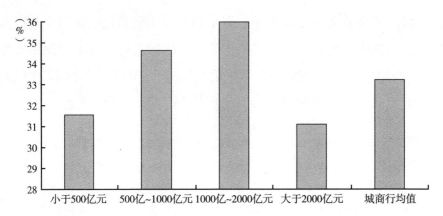

图26　2013年城商行整体及不同规模城商行成本收入比均值

资料来源:《银行家》数据库。

（八）收入结构

国内银行业长期在稳定的利差环境下经营，对利息收入的依赖程度比较高。近些年，银行业一直致力于拓展收入来源，增加非利息收入，也取得了很多成绩，但过于依赖利息收入的收入结构仍然没有根本性的改观。在城商行的收入结构中，利息净收入占比高也是一个重要特征。

2013年，城商行利息净收入占营业收入的比重大约为62.1%，低于银行业金融机构的63.6%；手续费和佣金净收入占比仅为7.5%，低于银行业金融机构的15.1%；投资收入占比为29.7%，高于银行业金融机构的20.4%（见图27）。

从不同规模区间的城商行数据看，2013年城商行利息净收入占营业收入比重均值为81.1%，比2012年略有下降（见图28）。从图28所示的数据看，资产规模越高，利息净收入在营业收入中的占比就越高。资产规模大于2000亿元的城商行利息净收入占营业收入比重均值高达86.4%，属4个资产规模区间中最高。资产规模小于500

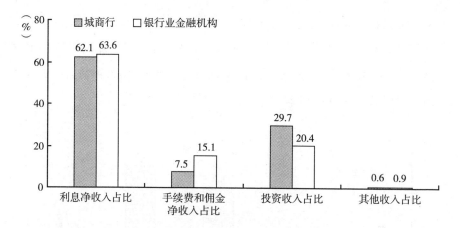

图 27　2013 年城商行收入结构

资料来源：《银行家》数据库。

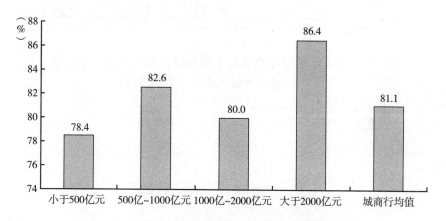

图 28　2013 年城商行整体及不同规模区间城商行
利息净收入占营业收入比重

资料来源：《银行家》数据库。

亿元的城商行的这一占比最低，为 78.4%。资产规模为 1000 亿～
2000 亿元和 500 亿～1000 亿元的城商行利息净收入占营业收入比重
的均值分别是 80.0% 和 82.6%。

图 29 的数据显示，资产规模越高，手续费和佣金净收入占营业

收入比重越高。2013年，城商行手续费及佣金净收入占营业收入比重均值为5.6%，高于2012年的4.2%。4个资产规模区间从高到低的手续费及佣金净收入占营业收入比重均值依次降低，分别是9.8%、8.2%、4.6%和2.9%。

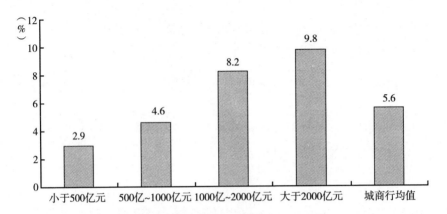

**图29　2013年城商行整体及不同规模区间城商行手续费及
佣金净收入占营业收入比重**

资料来源：《银行家》数据库。

二　城商行创新发展

（一）应对利率市场化

利率是资金的价格，发挥市场在利率形成过程中的作用更有利于让利率反映资金的稀缺程度，为经济主体提供正确的价格信号，帮助其甄选投资机会，引导社会资金配置，提高资源配置效率。在利率市场化过程中，市场机制在利率形成中的作用会越来越大，但并不是放开全部的利率。央行需要通过公开市场操作为市场利率决定提供基准利率。

存贷款利率管制是我国利率管制的重要内容之一。自2004年10月到2013年7月，我国实行的是"存款利率管上限、贷款利率管下限"的利率管制方式，我国银行业一年期存贷款基准利率差一直保持在3.0%以上。银行业获得了一个利差稳定的经营环境，只要吸收存款、发放贷款，做大规模，就可以赚取更多的利润，但存贷款利率无法充分反映资金的稀缺程度，大量居民存款无法获得合理的收益。

我国金融体系是以间接融资为主的，银行业为居民和企业的经济活动提供了绝大部分的资金。尽管随着票据、债券和股票市场的发展银行贷款在全社会融资总量中所占比重不断下降，但截至2013年底，人民币贷款占比仍高达51.4%，外币贷款、委托贷款和未贴现的银行承兑汇票占比依次为3.4%、14.7%和4.5%。企业债券和非金融企业境内股票融资在社会融资总量中的比重整体上呈现日趋增长的态势，但截至2013年底二者合计占比仅11.7%，比2012年底下降了4.2个百分点。

存贷款利率市场化改革可以说是提高我国整个社会资金配置效率的一个重要内容。近年来，我国金融业出现了很多跨业产品创新和新型业务模式，特别是银信合作、银基合作、银行理财、互联网金融等，它们成为推动利率市场化的重要市场力量。例如，银行理财产品的发行使得银行存款已经实现了实质上的利率市场化。

在推进银行业存贷款利率市场化方面，中国人民银行按照"先外币、后本币，先贷款、后存款，存款先大额长期、后小额短期"的基本步骤，逐步扩大银行利率定价自主空间，取得了很多重要的进步。1998年、1999年和2004年中国人民银行曾多次扩大金融机构贷款利率浮动幅度。随着2012年上半年国内通货膨胀压力回落，稳增长日显重要，中国人民银行于2012年6月8日和7月6日两次调整金融机构人民币存贷款基准利率及其浮动区间。2013年7月20日，中国人民银行决定，取消金融机构除商业性个人住房贷款以外的贷款利率下限，放开票据贴现利率管制，同时对农村信用社贷款利率不再设立上限。

借助中国（上海）自由贸易试验区建设改革的东风，中国人民银行于2014年3月1日起放开了上海自贸区300万美元以下小额外币存款利率上限，自7月27日起将改革范围由自贸区扩展至上海市。外币存款利率市场化改革将逐步在全国范围内展开。

放开存款利率成为我国利率市场化改革的最后一步。改革准备工作在有条不紊地进行，改革条件日趋成熟。当前，存款保险制度和金融机构退出机制尚未建立，但正在推进过程中，特别是存款保险制度有可能在近期内出台。央行行长周小川多次在公开场合表示，存款利率市场化有望在2014年、2015年两年内实现。一旦中国人民银行放开银行存款利率管制，允许银行自主确定存款利率，我国银行业将进入完全利率市场化阶段。

利率市场化既是机遇，也是挑战。利率市场化之后，存贷款利率将不会像以往那样保持同向、同幅度的变化，各家银行的存贷款利率水平也会有所不同，这会增加经营成本，压缩利差，增加风险。一方面，银行业可以进行自主定价，可以通过价格手段来开展竞争，为客户提供更高收益的产品，经营活动将更具灵活性。银行业金融创新的空间将会更大，利率衍生品方面的创新不仅可以为自己提供更好的利率风险管理工具，也可以帮助客户更好地对冲和管理利率风险。利率的波动也可以成为银行业的盈利来源，银行业可以加强对市场利率走势的分析预测，实行积极的资产负债管理策略，主动承担利率风险，建立符合利率走势的风险敞口，创造收益。另一方面，国际经验表明，利率市场化初期，存贷款利差会有所收窄，这会给银行业盈利能力带来不利冲击。利率收窄被认为是导致一些国家和地区银行倒闭的原因。利率变动会更加频繁，利率走势将更难预测，这会增加流动性管理、资产负债管理和利率风险管理的难度。为了应对利率市场化和金融脱媒，银行业不得不更多地发展中小微型企业业务和个人金融业务，客户结构和业务结构的调整会给银业信用风险带来结构性的改变，银行业信用风险管理和风险定价的难度也会因此增加。

比较起来看，利率市场化对城商行的影响更大。这是因为，大部分城商行都属于小型银行，它们的业务结构和收入来源更为单一，对利息收入的依赖程度较高；且城商行产生并成长于稳定的利差环境之下，它们的风险定价和风险管理能力也不足以让它们从容应对新的市场环境。而大中型银行往往是上市银行，这方面的问题或缺陷要小得多。中国人民银行决定自2012年6月8日起下调一年期存款基准利率0.25个百分点，至3.25%，同时将存款利率浮动区间上限调整为基准利率的1.1倍。一时间，大部分城商行都慌了手脚，纷纷上调各期限存款利率，而且"一浮到顶"，而大中型银行则更加从容地应对存款利率浮动区间的挑战，也没有全面上调自己的各期限存款利率。当前的存款利率格局是，大中小银行的存款利率平均水平依次提高。这意味着，城商行的资金成本已高于大中型银行。

利率市场化无疑将会继续向前推进，最终实现存款利率的市场化。城商行需要为市场环境变化做足准备，认真研究对策，避免在环境变化之时陷入盲目和混乱。

第一，城商行要树立正确的发展观，转变发展方式。新资本管理办法正式实施，银行业资本约束不断加强，利率市场化的推进不断压缩存贷款利差。在新的环境下，通过拉存款、放贷款来做大规模的粗放型发展方式将面临较大的调整压力。过于追求速度和规模导致较高的资本占用，这种发展方式的成本过高。特别是对于城商行而言，它们补充资本金的渠道有限，难以为过快的规模扩张提供充足的资本金支持。城商行需要以正确的政绩观和发展观为指导，走质量和效益协调并重的内涵式发展道路。"船小好调头"，城商行在应对快速的环境变化方面拥有更高的灵活性。它们需要充分利用这种灵活性来更好地调整自己，改变自己，在全新的环境下谋得更有利的发展空间。城商行需要更加注重资产配置和风险定价，提高资产利用效率，稳定净利差和净息差。例如，宁波银行 2013 年年报显示，受贷款降息重定价和利率市场化的影响，2013 年宁波银行净利差为 2.91%，比 2012 年下降了 38 个基点；净息差为 3.05%，比 2012 年下降了 44 个基点，但通过加强资产结构调整和利率定价管理、增加生息资产规模，宁波银行实现利息收入 234.95 亿元，比 2012 年增长了 31.70%。

第二，要切合自身实际，明确定位，坚持贯彻定位。大型企业的议价能力较强，利率市场化之后，大型企业金融服务的竞争会更加激烈，大型企业信贷业务的盈利将遭到进一步削减。同时，越来越多的大型企业会绕过银行，更多地通过票据、债券和股票进行融资。银行业将更多地关注中小微型企业客户和个人客户，这些客户的融资渠道不会受到资本市场发展的影响。城商行更应如此。一般来讲，城商行属于地方性或区域性中小银行，受资金实力等因素的限制，它们在服务大型企业方面并不占优势。同时，城商行管理层级少、决策链条较短、经营灵活，更加熟悉当地经济社会情况，它们在为当地中小微型企业和居民提供金融服务方面更具优势。

在 2013 年起实施的新资本管理办法中，银行对小型企业和微型企业债权以及对个人债权（除个人住房抵押贷款）的风险权重从 100% 向下调整至 75%。中国人民银行于 2014 年 4 月和 6 月两次定向下调存款准备金率，从 6 月 16 日起，下调"三农"和小微企业贷款达到一定比例的商业银行存款准备金率 0.5 个百分点，6 月份定向降准可以覆盖大约 2/3 的城商行。中国人民银行的限定条件是，2012 年新增涉农贷款占全部新增贷款的比例超过 50%，且 2012 年底涉农贷款余额占全部贷款余额的比例超过 30%；或者，2012 年新增小微贷款占全部新增贷款的比例超过 50%，且 2012 年底小微贷款余额占全部贷款余额的比例超过 30%。这一条件设定明确表现出了支持和鼓励银行业发展小微金融的立场。

第三，要拓展业务范围和收入来源，转变盈利模式，降低对利息收入的依赖。中国银行业以吸收存款和发放贷款为主要盈利来源，过于集中的业务体系导致了过高的收入集中度，一些银行（包括大部分上市银行）利息净收入占营业收入的比重超过80%。利率市场化会压缩利差、增加利率风险，对依赖存贷款利差的盈利模式产生较大的负面冲击，那些收入来源过于集中于利息净收入的城商行的盈利能力不可避免地将会有所下降。毫无疑问，城商行需要拓展业务范围和收入来源，增加非利息收入，特别是中间业务收入，但业务范围的拓展不能盲目，而应该与自己的发展方式转变以及客户结构调整相结合，根据自身的客户定位来加强金融创新、完善产品体系，借助互联网等渠道和技术开发新的业务模式，改善自己的盈利模式。小微金融和个人金融的一个重要特点是单笔金额小，交易成本较高。在发展小微金融和个人金融方面，城商行需转变思维，充分借助互联网和大数据应用，改变过于依赖抵押和担保的业务发展方式，开发设计低成本的风险控制技术和业务处理流程，提高自己的业务处理能力，降低业务处理成本。

第四，要深入研究利率市场化以及业务体系和客户结构变化所带来的风险变化，创新风险管理技术，加强风险管理。利率市场化之后，银行的利率风险会显著增加，包括利率重设风险、收益率曲线风险以及内涵选择权风险等。为了提高资产收益率、抵消存款资金成本上升的影响，银行需要开展一些高风险、高收益的业务，客户结构也会发生变化，这会增加业务体系的复杂性和信用风险水平。利率市场化对城商行风险管控体系建设提出了更高的要求。城商行在加大创新转型力度，积极应对新的经济金融形势的同时，还要加大风险管控能力建设力度，重点加强对流动性风险、利率风险和信用风险的计量、监测和管理。

第五，需要提前制定对策，积极应对新的存款竞争形势。近年来，银行业存款增长有所放缓，存款余额波动情况有所增加，资金来源的稳定性显著降低。各家银行都比较重视月末、季末的市场排名，普遍存在存款余额季末冲高、季初回落的情况。2013年，银行业存款余额跨季月间波幅超过5万亿元，全年波幅近6万亿元。商业银行各项存款占总负债的比重由2006年底的87.2%下降到2013年底的81.9%。存款利率市场化、互联网金融以及居民理财日益成熟会继续加剧存款竞争，增加存款的波动性。然而，存款是城商行的主要资金来源，城商行需要将存款在负债中的比重保持在一个合理的水平。面对新的市场竞争，城商行需要为客户提供各种收益档次的存款账户，将存款账户与电子商务和便利理财等功能结合起来创新存款服务。在不远的未来，中国人民银行将会放开存款利率上限管制，城商行需要提前制定应对方案，避免进行竞相提高存款利率的非理性竞争。

第六，监管部门需要为城商行应对利率市场化等金融改革和经济金融形势创造稳定的环境。总体上看，城商行属于银行业中的弱势群体，它们的内部控制和风险管理、人才储备、业务体系、网点数量、电子银行及信息科技系统等都不如大中型银行。城商行的创新转型需要监管部门提供一些政策支持。例如，可以考虑为城商行应对存款利率市场化提供一个过渡期；尽快推出存款保险制度，避免放开存款利率给城商行小额存款带来过大的竞争压力；实施分类监管、差别化监管，进一步弱化或取消存贷比考核和信贷额度管理。

（二）改进流动性管理

流动性风险是银行业面临的一类重要的风险。存款保险制度的建设减少了"银行挤兑"发生的频率，但并没有根除这一问题。更为复杂的问题是，流动性风险会诱发清偿能力不足的风险。一旦银行发生流动性短缺，它们不得不四处筹资，包括出售自己的流动性资产。

当从这些渠道筹集的资金仍然不足以帮助自己应对流动性危机，或者某些正常时期看似稳定的流动性来源变得枯竭时，银行将不得不出售那些流动性较差的资产，折价资产出售会带来大量的损失，恶化资产负债状况。在面临系统性流动性冲击时，还会发生这样的情况，各家银行都不得不出售资产，引发"火灾受损品拍卖式"的资产打折出售行为。这会进一步恶化整个银行体系的流动性和清偿能力状况。有些时候，流动性危机与清偿能力危机之间不存在清晰的界限，前者也有可能是由后者引发的。

2008年9月15日，雷曼兄弟公司正式宣布申请破产保护，全球投资者极度恐慌，使得全球金融市场陷入"四面楚歌"的境地。第二天，美国股市暴跌，伦敦同业拆借利率迅速飙升。各家金融机构相互猜疑，纷纷囤积现金，市场信心的丧失严重打击了商业信用，欧洲银行同业拆借市场面临冻结，美元同业拆借活动几近停止。各家金融机构不得不大量抛售金融资产，市场估值体系几近失效，致使越来越多的金融机构陷入清偿能力不足的困境。

随着银行业金融创新日趋活跃，存款波动性不断加剧，存款理财化比重越来越高，新的经营环境和业务模式使得银行业资产负债期限错配有所加大，资产流动性有所下降，流动性风险隐患有所增加。

2013年发生的"钱荒"令众多金融机构措手不及。6月末对于中国银行业而言是一个重要的时间节点，银行业绩和各项财务指标到了接受"中考"的时刻，银行业需要吸收存款来满足存贷比考核，由此带来了对存款准备金要求的增加。2013年6月，银行业面临的形势更加严峻，除了存贷比考核和上缴存款准备金等常规因素之外，外汇占款大幅下降、贷款新增过快、理财产品集中到期、同业融资依赖程度过高、对央行的依赖以及央行的"善意忽视"、市场传言等因素交织在一起。一方面，银行短期资金需求快速增长，另一方面，央行的流动性供给有所减少。

2013 年 5 月底，上海银行间同业拆借利率的隔夜利率已经升至比较高的水平了，但并未受到足够的重视，以为像往年一样等到中国人民银行注入流动性，利率就会恢复。6 月初，市场传言有银行陷入了流动性危机，无法支付到期贷款。尽管未发生违约事件，但这引发了市场诸多的猜测，打击了机构之间的相互信任。6 月 19 日，大型银行加入资金拆入的行列，导致部分机构发生资金违约，银行间拆借交易时间被迫延长半小时。整个市场深受震撼。同一天，工商银行发布公告称，将于 2013 年 6 月 23 日 00：10～01：40（周日）进行系统优化，期间，网上银行、电话银行、手机银行、短信银行、银企互联等相关系统将暂停服务。工商银行系统优化的时间过于巧合，这一事件加重了市场的猜测，一些客户还亲自到营业网点排队提款。中国人民银行认为，尽管银行业需要加强流动性管理，但流动性总体处于合理水平。6 月 20 日，中国人民银行不但未向市场注入流动性，反而继续发行 20 亿元央票回笼资金，市场流动性空前紧张，一些银行甚至要求资金"只进不出"，市场处于濒临失控的状态。当天，上海银行间同业拆借利率（Shibor）全线上涨，隔夜利率一度飙升至 13.444%，创历史纪录，7 天利率上涨至 11.004%，1 个月利率上涨至 9.399%；银行间 1 天期同业拆借利率飙升至 13.8284%，同业拆借交易市场再次延迟半个小时闭市；银行间债券市场隔夜回购利率最高达到史无前例的 30%。"钱荒"达到最高潮的部分。

随后，中国人民银行向部分机构提供了流动性支持，一些流动性充足的银行开始向市场拆出资金，货币市场利率趋向回稳。6 月 25 日，中国人民银行发表声明称，除提供流动性支持之外，它将根据市场流动性的实际状况，积极运用各类政策工具，适时调节银行体系的流动性，平抑短期异常波动，稳定市场预期，保持货币市场稳定。"钱荒"暂告一段落。

2013 年 12 月中下旬，资金紧张的情况再度发生。12 月 19 日，银行间市场交易系统延迟半小时收市，引发了市场的疑虑。12月23日，Shibor隔夜、7天和1个月利率分别升至4.515%、8.843%和7.656%；银行间1天期和7天期同业拆借利率分别升至5.1945%和8.8445%；银行间1天期和7天期回购利率分别升至5.2507%和8.9372%。从利率波动情况看，新一轮"钱荒"没有6月时的情况复杂和紧张。

过于依赖货币市场批发融资并不是一种稳健的经营方式。这一点与我们的直觉是一致的，也是历次金融危机和银行危机给我们的直观的教训。但繁荣时期通过货币市场筹集低成本短期资金的诱惑让大部分的银行家都无法抵御。大型银行是货币市场的主要参与者，它们在向市场融出资金的同时，还向市场拆入资金。比较而言，小型银行的参与程度没有大型银行高，货币市场批发融资在小型银行负债中的比重也没有大型银行高。特别是对于那些同业业务较不发达的小型银行来说，它们在2013年货币市场的两次流动性紧张中受到的冲击都比较小。

"钱荒"使我国银行业潜在的流动性风险以及银行业的流动性风险管理实践存在的缺陷得以暴露。银行业除了要转变发展方式、调整业务战略和资产负债结构之外，还需要加强流动性管理，稳定自己的资金来源，将货币市场批发融资控制在一个合理的比例上。

城商行同样需要改进自己的流动性风险管理体系，加强流动性风险治理，完善流动性风险管理策略、政策和程序，以及流动性风险识别、计量、监测和控制及管理信息系统等各项基本要素，综合运用现金流测算分析、风险预警、限额管理、融资管理、日间流动性风险管理、压力测试、应急计划、优质流动性资产管理、并表和重要币种流动性风险管理等多种技术，提高流动性风险管理的精细化程度和专业化水平。

（三）开启H股上市

城商行属于区域性股份制银行，属于中小银行，公开上市可以为城商行带来多重收益。首先，上市本身就是一条重要的资本补充渠道。银行业需要承担风险才能赢利，而计提充足的资本金是银行业承担风险的基础和前提。城商行可以利用上市充实资本金，增强承担风险和抵抗风险的能力，为未来可持续发展奠定更好的基础。其次，上市过程可以促进城商行改善各项经营管理活动，提高经营的科学性和规范性。城商行需要按照上市标准来改进自己的公司治理结构、内部控制和风险管理、信息披露规范等。再次，公众和市场监督可以促使城商行持续提升竞争力和管理水平，实现更有质量的发展。上市之后，公司需要按照交易所信息披露的要求及时公布重大举措，对财务报告采用规范的会计准则，股权结构会更加清晰、财务行为会更加透明、经营管理会更加规范，为自身发展壮大提供更好的平台。最后，公开上市可以提升自身的声誉、知名度和品牌形象，鼓舞员工士气、强化员工认同度和公司凝聚力。

上市对城商行发展起到很好的促进作用。宁波银行、南京银行和北京银行均于 2007 年在 A 股成功上市，上市当年 3 家城商行资产总额依次为 755.1 亿元、760.6 亿元和 3522.2 亿元。截至 2013 年底，宁波银行、南京银行和北京银行的资产总额分别增加到 4677.7 亿元、4340.57 亿元和 13367.6 亿元。这 3 家上市城商行的公司治理、经营管理以及品牌声誉都得到了较显著的提升。

一些发展较好的城商行对公开上市表现出了极大的热情，多家城商行表达了上市意向，并积极准备相关资料。进入 2008 年之后，全球金融危机愈演愈烈，资本市场陷入低迷，城商行长期快速发展所积累的一些矛盾和问题有所暴露，城商行上市遂遭一再搁浅。上市搁浅并没有阻碍城商行的发展步伐，城商行资产总额及其在银行业中的比重持续增加，补偿资本金的压力持续存在。大部分城商行都通过增资扩股、留存利润和发行次级债等方式补充资本金。特别是，2011 年 16 家城商行发行次级债总额超过 300 亿元，2012 年 17 家城商行发行总额为 244.2 亿元，次级债期限大部分是 10 年。

与此同时，银行业资本监管日益强化。自 2013 年起正式实施的新资本管理办法要求，商业银行要在 2018 年底前达到规定的资本充足率监管要求。在新的资本要求下，资本充足率的计算方法更严格，对合格资本工具采用了更严格的定义，调整了信用风险权重，取消了市场风险的计算门槛，新增加了操作风险资本要求。新增加的储备资本要求和逆周期资本要求都需要由核心一级资本来满足，过渡期结束之后核心一级资本最低要求将达到 7.5% ~ 10%。

大部分城商行补充资本金的渠道有限，内源融资无法跟上资本金要求提高的步伐。在二级资本工具发行方面，2013 年城商行鲜有作为，仅有阜新银行发行了一期总额为 2 亿元的次级债。银监会 2013 年推出"转股型"和"减记型"资本工具创新之后，天津滨海农村商业银行率先进行了尝试，并于 2013 年 7 月 25 日成功发行 15 亿元含有减记条款的二级资本债券。但城商行没有发行这两类创新型资本工具。此外，目前，大型银行和部分全国性股份制银行已经公布了发行优先股的意向和计划，但城商行未参与 2014 年上半年启动的优先股发行试点。

A 股市场的闸门仍然不知道什么时间才会再次对城商行开放。H 股上市成为城商行的另一个选择。2012 年，上海银行、重庆银行、大连银行、徽商银行等多家城商行向监管部门提交了 H 股上市申请。更换上市地点会增加一系列费用，需要额外付出许多精力和成本。此外，2013 年，银行估值仍然偏低。但这些并没有阻碍城商行 H 股上市的步伐。那些迫切需要通过补充资本金来支持业务发展的城商行不得不转向 H 股。

重庆银行是内地第一家 H 股上市的城商行。重庆银行是我国由城市信用社整合组建的最早一批城商行之一，最早名为"重庆城市合作银行"，于 1996 年 5 月获批筹建，同年 9 月开业。此后，于 1998

年3月更名为"重庆市商业银行股份有限公司",并于2007年8月再次更名为"重庆银行股份有限公司"。重庆银行曾于2007年4月获得大新银行的战略投资,并于2007年9月向中国证监会提交了A股上市申请,中国证监会也予以受理。此后,重庆银行每半年更新上市申请材料。2013年初,重庆银行通过了A股或H股上市计划。H股上市计划于2013年7月获得中国证监会受理,重庆银行于同年9月向中国证监会提出终止审查A股上市申请。重庆银行最终选择H股上市。在募股说明书中,重庆银行提到,"A股上市申请终止后,我们并无计划于可见未来进行A股上市"。

2013年11月6日上午,伴随着香港联交所响亮的锣声,重庆银行成功登陆H股。重庆银行成为近三年第一家在港交所上市的中资银行,也是第一家在香港上市的内地城商行。重庆银行公开发售获得62358万股的有效申请,相当于香港公开发售初步可供认购7052.2万股的8.81倍,即超额认购7.81倍,成为近三年在港上市的银行中超额倍数最多的一家。H股发售价为6.0港元(不包括1%的经纪佣金、0.003%的香港证监会交易征费和0.005%的香港联交所交易费),全球发售募集资金净额约38亿港元,用于补充资本金、满足业务发展需要。

徽商银行是第二家登录H股的城商行。徽商银行成立于1997年4月4日,2005年11月30日更名为"徽商银行股份有限公司",并于2005年12月28日正式合并了安徽省内的芜湖、马鞍山、安庆、淮北、蚌埠5家城市商业银行,以及六安、淮南、铜陵、阜阳科技、阜阳鑫鹰、阜阳银河、阜阳金达7家城市信用社。这一合并行为创造了城商行改革中独具特色的"徽商模式",徽商银行成为国内城商行联合重组改革的先行者。徽商银行于2011年正式启动A股上市工作,在2011年5月初召开的2010年股东大会上,通过了《徽商银行上市工作方案》,并向证监会提交了IPO材料。上市前夕,徽商银行是我国中部地区资产规模最大的城市商业银行，资产总额在全国城商行中位列第七。

员工持股和股权分散是徽商银行面临一个重要问题。2010年底，徽商银行股东总数为18304户，其中个人股东17899户，所占比例高达97.79%。根据我国《证券法》规定，向特定对象发行证券累计超过200人的公开发行证券，应依法报经证监会核准。徽商银行按照《关于规范金融企业内部职工持股的通知》的规定，对股权分散问题进行了清理和处置，但处置过程并不顺利。

2013年10月11日，徽商银行H股上市申请获得中国证监会批复。重庆银行成功上市之后第六天，即2013年11月12日，徽商银行在香港联交所正式挂牌交易。徽商银行引入万科置业、周大福及江苏汇金等6名基础投资者，共发售逾26.1亿股，公开发售最终获得约10倍的超额认购，每股发售价为3.53港元，募集资本净额约85.57亿港元，主要用于补充核心资本、推动业务持续发展。

第三家登陆香港联交所的城商行是哈尔滨银行。2014年3月31日，哈尔滨银行在香港联交所成功上市。哈尔滨银行成立于1997年7月，成立之初名为"哈尔滨城市合作银行"，1998年4月更名为"哈尔滨市商业银行股份有限公司"，2007年12月更名为"哈尔滨银行股份有限公司"。哈尔滨银行发售价为每股2.90港元（不包括1%的经纪佣金、0.003%的证监会交易征费及0.005%的香港联交所交易费）。公告显示，哈尔滨银行香港公开发售股份认购不足额，收到香港公开发售有效申请820份，发售股份数为82895000股，相当于香港公开发售下初步可供认购总数302358000股的约27%。香港公开发售未获认购的2.19亿股重新分配至国际发售。国际配售市场反应较好，获得了超额认购。哈尔滨银行国际发售H股数量达到29.41亿股，相当于总发行总数的约97.3%。按照原定计划，哈尔滨银行国际发售90%的股份，香港公开发售10%的股份。

上市对城商行的影响总体上看是积极的，正面影响要大于负面影响。尽管融资平台、不良贷款、利率市场化、业务模式同质化等因素使得上市银行整体在破净线以下挣扎，但面对日趋严格的资本约束，城商行等待上市的热情并未减少。多渠道补偿资本金为业务扩张和持续发展奠定了基础，是大部分城商行都面临的问题。以上市银行——南京银行为例。南京银行2014年一季度报显示，3月末非并表的核心资本充足率自2013年底的10.70%跌至8.78%，资本充足率由12.95%跌至10.64%，资本消耗较快。目前，南京银行正在筹划非公开发行股票，发行股份数不超过10亿股，募集资金不超过80亿元，所募资金扣除相关发行费用后将全部用于补充公司资本金。

（四）规范理财同业

近年来，国内居民的理财意识逐步增强，资产配置越来越多样化。理财业的繁荣引来了众多的竞争者，包括商业银行、基金公司、信托公司、第三方理财机构以及以"余额宝"为代表的互联网理财公司等。非银行金融机构与互联网的结合扩大了理财产品的覆盖面和销售渠道，给银行理财业务带来了很大的竞争压力。居民越来越倾向于通过互联网来比对理财产品的收益率，从中选择符合自己收益预期和风险偏好的产品。银行理财业务面临着越来越多的非银行机构的竞争。特别是以"余额宝"为代表的互联网理财显示出非常大的潜力和影响。"余额宝"于2013年中上线，到年底客户数量已达4303万户，规模高达1853亿元，升至国内最大基金"宝座"；截至2014年6月底，"余额宝"规模达到5742亿元，比一季度末净增近330亿元。

银行业不得不投入越来越多的资源和人力来发展理财业务，缓解非银行理财业和互联网理财业发展给自己带来的冲击。近年来，受理财业繁荣的影响，居民储蓄存款增速有所放缓，储蓄存款在居民资产总额中的比重有所下降，存款分流和存款余额的波动性有所加剧。为了更好地维护客户、留住和吸引存款，银行理财产品发行数量连年创新高。2013年182家境内外银行在国内发行理财产品数量达到约4.5万种，比2012年增长了37%；截至2013年底，理财产品余额超过10万亿元，比2012年底净增加了约3万亿元。城商行也成为银行理财产品的重要发行主体，其发行量在2013年理财产品发行量中的占比约为28%。

在理财资金运用方面，银行理财业务的一些运作模式受到了很多的质疑和批判。银行理财业务投资、运作和管理存在透明度低、风险交叉、刚性兑付、违规操作等问题。特别是自2011年起，以"资金池"模式运作、按预期收益率发售成为主要模式，在这种运作模式下，存在资金与基础资产不一一对应、期限错配等问题。该模式因此饱受诟病，甚至一度招来"庞氏骗局"的说法。

对银行理财资金运用的另一个质疑源于同业业务合作。受制于业务范围以及金融体系多样性不足的限制，银行业需要与信托、券商等金融机构展开同业合作以为客户提供丰富多样的理财产品。银信、银证等的合作增加了金融中介过程的环节和长度，整个社会的资金成本因此有所增加。这些合作还成为银行业规避存贷比、信贷额度以及信贷投向限制的渠道，这些"通道"业务中的一部分被认为是影子银行，因此受到了监管部门的密切关注。

银行业的同业合作并不局限于支持银行理财业务的发展。同业业务是银行业与其他金融机构开展的以投融资为核心的各项业务，主要包括同业拆借、同业借款、非结算性同业存款、同业代付、买入返售和卖出回购、同业投资等业务类型。银行存贷比上限为75%，单一借款人贷款集中度不得超过10%，但同业业务不受此约束。同业融资也不需要缴纳存款准备金，没有拨备覆盖率指标。银行对其他银行债权的风险权重仅为25%，远低于对一般企业债权100%的风险权重。借道同业，银行还可以绕开信贷政策调控的限制，向那些无法为其授信的客户提供融资服务。同业融资的成本较低，银行业可以通过同业融资来获得低成本的资金，主动利用期限错配来获利。受这些因素的驱动，2010年以来，同业业务出现了较大规模的增长，年均增幅在20%左右。繁荣发展过程中也存在着业务模式雷同、管理混乱、透明度较低、流动性风险隐患较大以及规避监管和宏观调控政策等问题。同业业务作为盈利来源的地位不断提高，作为流动性管理工具的地位则有所削弱。实际上，过度依赖同业融资的业务发展并不利于银行业的稳定。

创新理财业务运作模式，提高理财产品的标准化程度和透明度，是监管部门和银行业规范发展理财业务的一个重要内容。2013年3月25日，银监会下发《关于规范商业银行理财业务投资运作有关问题的通知》（又称8号文），对银行理财产品管理、理财资金投资"非标准化债权资产"、规避贷款管理、投资风险隔离、信息披露等问题进行了规范，要求银行业对理财产品进行单独管理、建账和核算。4月，我国债券市场爆出黑幕，监管部门遂对债券发行交易进行了大力稽查和规范。规范债券交易的直接目的是减少利益输送，但同时也有助于促进"资金池"模式向单独管理、建账和核算转变。非标准化债务将得以标准化，转化为债权直接融资工具，在中央结算公司登记托管和交易流转，而投资于标准化投资工具的银行理财资管计划可以实现动态管理和透明化。10月中旬，中国工商银行推出首款理财资产管理计划，即"超高净值客户专属多享优势系列产品——理财管理计划A款"（编号：ZHDY01），计划发行规模为75亿元。该产品属于开放式、非保本浮动收益型（净值型）产品，每月开放一次，存续期2年，可公告延期。10月22日，理财直接融资工具已开始在中央结算公司的理财直接融资工具综合业务平台正式报价交易。目前，在城商行中，已有北京银行、宁波银行、杭州银行获批理财资产管理业务试点，南京银行、徽商银行、上海银行等城商行正在为理财资管业务试点做准备。

在理财资产管理业务中，银行理财产品可以债权形式直接投向企业，对于"通道"的依赖程度将不断下降。"去通道化"还可以免去或减少"通道"费用，并将这部分收益转移给投资者，创造新的收入增长点。一旦一些关键问题得到解决，银行理财资产管理业务有望发展成为我国资产管理市场的重要力量。这将对银行业的资产管理水平提出更高的要求，产品设计、投资研究、资产配置和交易能力将越来越重要。"通道"类业务将会受到监管的限制和约束，但不会消失。非银行金融机构在非标准化、股权类投资业务领域仍然具有较强的优势和灵活性，银信、银证合作仍将是规避监管的重要方式。银行理财资产管理业务并不会完全替代"通道"类业务。除非监管部门禁止，否则，"通道"类业务不会消失。

银行业务治理体系改革是监管部门规范银行业同业业务和理财业务的另一项重要举措。2013年底，国务院办公厅发布《关于加强影子银行业务若干问题的通知》（又称107号文，以下简称《通知》），加强对影子银行的监管。《通知》将部分银行理财业务定义为影子银行，要求金融机构将理财业务分开管理，单独建立理财业务组织体系、归口一个专营部门，建立单独的业务管理体系、实施单独建账管理，实施单独的业务监管体系，强化全业务流程监管；商业银行要按照实质重于形式的原则计提资本和拨备；代客理财资金要与自有资金分开使用，不得购买本银行贷款，不得开展理财资金池业务，切实做到资金来源与运用一一对应。

2014年4月24日，中国人民银行、银监会、证监会、保监会、外汇局联合印发了《关于规范金融机构同业业务的通知》（又称127号文），在鼓励金融创新、维护金融机构自主经营的前提下，按照"堵邪路、开正门、强管理、促发展"的总体思路，规范同业业务经营行为，加强和改善同业业务内外部管理，推动开展规范的资产负债业务创新。5月8日，银监会办公厅发布《关于规范商业银行同业业务治理的通知》（又称140号文），7月10日，银监会发布《关于完善银行理财业务组织管理体系有关事项的通知》（又称35号文），要求银行业实行同业业务专营部门制和理财业务事业部制，促进同业业务回归流动性管理的本质，理财业务回归代客投资管理的本质。

城商行也需要根据监管要求改革自己的同业业务和理财业务治理体系。在同业业务治理体系方面，城商行需要建立与所开展同业业务规模和复杂程度相适应的同业业务治理体系，由法人总部对同业业务进行统一管理，将同业业务纳入全面风险管理，建立健全前、中、后台分设的内部控制机制，加强内部监督检查和责任追究，确保同业业务经营活动依法合规，风险得到有效控制。建立同业业务专营部门，由法人总部建立或指定专营部门负责经营同业业务，专营部门不得办理未经授权或超授权的同业业务。其他部门和分支机构需要逐步退出同业业务经营，专营部门不得向其他部门或分支机构进行转授权。专营部门对同业拆借、买入返售和卖出回购债券、同业存单等可以通过金融交易市场进行电子化交易的同业业务，不得委托其他部门或分支机构办理。需要建立健全同业业务授权管理体系、授信管理政策、交易对手准入机制等。银监会明确规定，银行业需要在2014年9月底前实现全部同业业务的专营部门制，并将改革方案和实施进展情况报送银监会及其派出机构。

对于理财业务事业部的命名没有明确要求，一些银行设立"资产管理部"来开发、设计、管理理财产品。相比较而言，理财业务治理体系改革对城商行的挑战更大。城商行涉足理财业务是近几年的事儿，理财业务规模较小，在人才队伍和业务系统建设、产品开发、风险管理、投资管理等方面都还比较薄弱。理财业务事业部设立之后，需要发挥利润中心的作用，需要接受总行的绩效考核，但现实的条件并不充分。然而，城商行不能只顾眼前，故步自封。需要看到，理财业务事业部制改革也将成为城商行规范发展理财业务，提高研发能力、产品创新能力、投资管理能力等的重要契机。对于服务理财业务客户乃至更高端的高净值客户而言，这些能力是必需的。城商行需要着眼长远，积极推动理财业务转型，为全行理财业务和财富管理业务发展奠定更好的基础。

（五）发展网络金融

在美国，银行业于20世纪60年代开始引入计算机来改善会计操作和提高作业效率。20世纪70年代，联机柜员系统的出现使得计算机应用从"幕后"走向了"台前"。联机柜员系统是最早的电子资金转账系统，它将分布在不同网点和受理处的柜面终端连接在一起，使得任何一台终端上的业务指令都可以通过网络传输到中央主机上，进行集中统一的计算和处理。

现代信息通信技术在电子银行渠道拓展方面的应用是最易被观察到的。1967年，英国巴克莱银行安装了世界上第一台自动取款机（ATMs）。银行业和客户都看到了ATMs对交易型业务的处理能力和便利性。到了20世纪80年代早期，银行业纷纷铺设自己的ATMs网络，促进了"共享ATMs网络"的发展。POS借记系统也在大致相同的时间段里发展起来，但直到20世纪90年代初，POS借记交易一直都不太活跃。1981年8月12日，IBM推出5150，宣告了个人电脑的产生。伴随着个人电脑的普及以及经济商业活动电子化程度的不断提高，电子银行发展迎来了全新的机遇和空间，网上银行发展起来。1995年还见证了历史上第一家纯粹网上银行——美国安全第一网络银行（SFNB）的诞生。此外，电话银行、呼叫中心、移动银行、微信银行等电子银行渠道也相继发展起来。银行业电子银行交易量不断提升，对柜面交易的替代率不断提升。

互联网金融推动了电子商务的发展，而电子商务的发展则促进了金融服务模式的变革。互联网企业提供金融服务始于满足电子商务发展的需要。支付是电子商务活动的要件，效率低下的支付也会制约电子商务的发展。在国内，电子商务发展的初期，支付主要采取"网关支付模式"。银行业向商家提供支付接口，用户需要与银行达成协议，开通银行卡网上支付功能。在交易中，支付机构将用户的支付申请传送给银行。网关支付模式的效率和用户体验不能让人满意。这使得"账户支付模式"一经产生便受到用户的青睐，区别于银行账户的第三方支付账户随之产生发展起来。用户在第三方支付机构注册账户，可以通过网上银行一次性向支付账户充值，购物时使用该账户资金完成支付，也可以由此支付账户跳转到银行的网银端口，使用银行账户资金完成支付。

除了支付功能外，第三方支付账户还具备转账、还款、缴费等基本金融服务功能。支付宝还于2013年6月成功推出了余额增值服务，即"余额宝"。此后出现了一大批对接货币基金的支付账户余额增值服务。这些理财账户以门槛低、收益高于银行存款、交易便捷而吸引了大批用户。商业银行业不得不将自己的银行账户与货币基金对接，提供支持"T＋0"交易的理财计划。

一大批商户伴随着电子商务的发展而产生，为商户提供融资服务的金融活动随之发展起来。商户的发展同样需要借助外部资金的支持。绝大部分的商户都是小微企业，它们缺少抵押、担保，存续期较短，财务制度不规范，无法从银行业及时获得自己所需要的资金。电子商务平台曾与银行业展开合作，例如，阿里巴巴与建设银行融合电子商务平台的数据和银行的资金，共同为商户提供融资服务，但双方的合作并不顺利。阿里巴巴自己成立了小额贷款公司，为自己的电子商务平台上的商户提供无抵押、低门槛、快速便捷的信用贷款。截至2013年底，阿里金融旗下3家小额贷款公司累计发放贷款1500亿元，累计客户数超过65万家，贷款余额超过125亿元。

为网络购物者提供消费信贷的金融活动也随之产生了。2014年2月13日，京东商城推出了"京东白条"延期付款服务。用户在线申请额度，用于在京东商城的购物。2014年3月11日，中信银行分别与腾讯、支付宝合作推出"中信银行微信信用卡"以及"中信淘宝异度支付卡"。这两款产品被央行下发的紧急文件要求暂停，原因是网络信用卡存在较多的风险点。

2013年被称为互联网金融的元年，严格来讲，是互联网企业大规模进入金融服务领域的元年。目前，阿里巴巴、腾讯、京东、百度等互联网企业均凭借自己积累的资源和优势，以创新型的金融服务模式进入金融服务领域。此外，还出现了一系列互联网金融业务模式，比如P2P网络贷款、网络众筹、网络保险、网络证券等。这些新型金融服务模式并不以电子商务为基础，而是借助互联网为客户提供金融服务。互联网企业的进入影响并改变着金融和金融业，支付、信用中介、投资理财等领域均已有互联网企业的身影。

银行业也已深刻感受到互联网企业进入所带来的冲击，并在发展互联网金融方面投入更多的资源和人力。5家大型商业银行以及广发银行、招商银行与中国民生银行等都已建立了自己的电子商务平台，努力在电子化的商业环境中谋得更好的发展基础。越来越多的银行将智能移动终端作为业务创新和拓展的重要渠道，发展移动支付、手机银行、微信银行，以社交网络为平台开展营销和客户关系维护。一些银行还建立了主要依赖电子渠道进行业务拓展的"直销银行"。银行业还以互联网和大数据应用为基础，在产品、业务模式、风险控制、客户管理等方面进行了一系列创新。现代信息技术仍然在飞速进步，从当前来看，银行业发展互联网金融存在很大的空间。

城商行在发展互联网金融方面也是越来越积极。互联网金融不受物理网点的限制，具有较低的成本结构，以大数据分析为基础进行风险控制，主要以小微企业和普通个人为目标客户，在小微金融领域具有较为突出的优势。这些特征非常符合城商行的市场定位，发展互联网金融在一定程度上可以帮助城商行摆脱物理网点的限制，使其将业务范围推向无限的互联网空间。

目前，资产规模排名靠前的城商行均已开发了自己的手机银行，为客户提供丰富多样的便捷服务。例如，北京银行手机银行"京彩生活"的功能非常丰富，可以为客户提供账户查询、转账汇款、生活缴费、无卡取款、公益捐款、投资理财、手机充值、机票预订、购买电影票等多样化的服务。上海银行个人手机银行可提供8项金融功能和11项公共服务，其中，包括我的账户、快速查询、转账汇款、信用卡业务4项基础功能，储蓄理财、慧财理财、基金、第三方存款4项增值功能。江苏银行手机银行分为大众版和专业版，提供的金融服务涵盖账户管理、转账汇款、投资理财、生活缴费、手机取现等，还提供金融资讯、网点及优惠商户查询、手机充值、电影票和飞机票订购、手机证券等移动增值服务。南京银行手机银行提供账户查询、转账、信用卡查询还款、基金业务、贷款管理等业务，还提供了商户查询、网点查询、金融信息等服务。华融湘江银行新近推出的手机银行具有账户管理、转账汇款、公务卡、投资理财、充值缴费、安全中心等功能。城商行已经看到了移动金融的未来发展前景，因此将有越来越多的城商行推出自己的手机银行。

在银行系网上商城方面，宁波银行的"汇通商城"自2012年7月3日起正式对接银联在线支付，成为国内首个向所有银联卡用户开放资源的银行系网上商城。目前，汇通商城开设"乐享团""积分馆""海淘馆""疯狂星期三"等特色频道。大连银行与通联支付公司联合打造的网上商城于2012年12月正式上线运营，目前可以提供9个城市的切换选择。2014年4月30日，兰州银行与兰州市三维数字中心联合开发的"三维商城"上线试运行。与其他银行系网上商城的不同之处在于，"三维商城"的定位是社会服务平台，将搭载当地政务、事务服务功能。2014年6月，包商银行推出互联网理财平台"小马bank"，同时推出了类"余额宝"的投资产品"马宝宝"和债券产品"千里马"。"小马bank"利用互联网和大数据技术，通过与客户交互智能化地为其进行理财规划和资产配置提供建议。

开发自己的直销银行（Direct Banking）是城商行发展互联网金融的一个重要举措。直销银行不以柜台为基础，主要通过电话、传真、邮件、电脑、移动终端、互联网等渠道开办业务，可以打破时间、地域、网点等的限制。最早的直销银行产生在互联网应用普及之前，因为没有互联网的帮助未能取得显著成功。为了拓展海外零售银行业务，荷兰国际集团（ING）于1997年首先在加拿大建立了ING直销银行。在取得成功之后，荷兰国际集团迅速将直销银行模式推广到美国、德国、英国等国家和地区。在国内，客户对于互联网应用越来越熟悉，越来越多地使用网上银行及其他电子银行渠道办理业务。金融消费行为的变化为直销银行的产生奠定了基础。截至目前，国内已有6家商业银行建立了自己的直销银行，其中包括中国民生银行、兴业银行两家股份制商业银行，以及北京银行、珠海华润银行、上海银行、重庆银行4家城商行。

北京银行是第一家开通直销银行的城商行，也是首家开通直销银行的国内商业银行。2013年9月18日，北京银行举行直销银行开通仪式，正式开通直销银行服务模式。北京银行直销银行的目标客户是大众零售客户和小微企业客户，通过"互联网平台+直销门店"相结合的服务渠道以及"在线操作+远程人工支持"的服务方式，为目标客户提供全天候、不间断的质优价廉的金融服务，真正发展成为"您身边不下班的银行"。目前，北京银行已经在北京、西安、济南、南京等城市设立了线下直销门店。

珠海华润银行直销银行正式启动于2014年3月19日。目前，共推出"润日增""智能存款""预付通""金融日历"4种产品和服务。珠海华润银行的大股东华润集团的产业遍布全国，但华润银行的网点却局限在广东。珠海华润银行开发直销银行的重要目标就在于促进华融集团产融协同，为华润集团 42 万员工和关联企业服务。

上海银行将自己的直销银行命名为"上行快线"，于 2014 年 6 月底正式推出。目前，"上行快线"提供 4 个系列产品："智能存"是存款产品，可以随用随取；"惠理财"是稳健型理财产品，适合闲置资金的理财；"安心保"是保险产品；"快线宝"是"T＋0"的货币基金产品，支持 1 分起购、实时支取。目前，上海银行还分别与支付宝和中国电信联合推出"支付宝国际汇款业务"和"翼支付余额理财业务"。

重庆银行"直销银行"于 2014 年 7 月 24 日正式上线。目前，重庆银行直销银行推出了 3 类产品："乐惠存"是一款人民币储蓄增值服务产品；"聚利宝"是重庆银行联手南方基金推出的理财产品，对接南方现金增利货币市场基金；"DIY 贷"是重庆银行在全国同业范围内首创，利用电脑、手机、微信等客户端，通过互联网在线提交个人贷款申请并自助定价的创新个人贷款产品。

除了依托手机银行和直销银行推出新型产品之外，城商行在业务和产品创新方面还进行了大量的努力和探索。例如，包商银行于 2013 年 11 月 18 日推出佳赢系列之"日溢宝"全开放型理财产品，这是一种介于货币基金与传统金融产品之间的跨界理财产品，填补了零散资金的短暂投资空白期，最大的亮点是"T＋0"实时资金划转服务。该新产品发售 3 个交易日，余额便突破亿元。再如，北京银行于 2013 年 10 月底针对企业客户推出了在线现金管理品牌"现金 e通"，提供在线账户管理、结算管理、资金集中管理、增值管理、融资管理、风险管理等多项功能。一些银行还计划推出全流程在线完成的贷款业务，将供应量融资与互联网和大数据应用结合起来，提高供应量融资服务的效率。

互联网和大数据应用可以降低单笔业务成本、提高风险评估和控制的有效性，使得那些以传统方式开展起来的成本较高的业务在商业上越来越可行。从目前显现出来的迹象看，移动支付、小微金融、供应链金融以及个人理财、信用卡、个人贷款等零售金融业务可以成为城商行创新互联网金融的重要业务领域。为了更好地发展互联网金融，城商行需要借助大数据技术，实现更加有效的客户关系管理，建立更加科学有效的风险量化和风险控制技术。

以互联网和大数据为主体的现代信息技术的地位需要得到不断的提高。需要看到的是，信息技术将不再仅仅是银行的支撑，是银行战略执行的工具，银行的一些战略将需要从信息技术的发展中获得。从长期来看，银行的整个组织结构和决策文化都可能因此而变化。银行信息科技方面的支出会不断增加，信息科技人才也需要不断积累。发展互联网金融所需创新的复杂性要远远超过传统业务部门，电子银行部门或网络金融部门的独立性也越来越高，它们需要得到更高的自主性。如果变化可以提高竞争力，退一步说，至少使自己不会落后于竞争对手，那么为什么不积极变化呢？

（六）布局社区金融

最近几年，银行业竞争日趋激烈，银行业面临着越来越多的来自行业内外的竞争对手，议价能力和盈利空间都受到了比较大的冲击，国内银行业普遍加大了零售银行业务发展力度。国内居民财富积累越来越多，对金融服务的需求越来越大，对服务质量越来越挑剔，零售银行业务的市场空间逐步展现出来。"社区银行"成为银行业扩大金融服务覆盖面，发展"普惠金融"的重要载体和渠道，因此受到社会和业界越来越多的关注。

社区银行（Community Bank）这一概念源于美国。大部分美国银行业研究人员过去都曾使用规模作为判定社区银行的标准，比如将总资产低于 10 亿美元的银行定义为社区银行。但采用单一标准或单一规模标准具有很大的缺陷。美国联保存款保险公司（FDIC）2012 年12 月发布的一份针对社区银行的研究报告认为，社区银行主要在限定区域经营传统存贷款业务。社区银行与其所在社区及其客户建立长期的关系，拥有专有的知识，主要从事关系型银行业务。FDIC 定义的数量标准包括：①2010 年底资产总额低于 10 亿美元（1985 年资产规模上限为 2.5 亿美元）；②2010 年底资产总额高于 10 亿美元，但满足贷款与资产总额之比大于 33%、核心存款与资产总额之比大于50%、在最多 3 个州或 2 个大城市设立分支机构、分支机构数量多于1 家但不超过 75 家、2010 年单个网点存款量不超过 50 亿美元。

国内银行业所设立的社区银行与美国的社区银行相去甚远。在国内，"社区银行"并不是针对法人银行或银行组织的，而是银行业开设在某些社区内的特殊分支机构。银行的一般分支行也为社区提供服务，但它们一般并不针对特定社区。社区银行则是针对特定社区的，员工融入社区生活，为生活在小区内的居民和小微企业提供一些金融服务，比如业务咨询、理财、开户、贷款、银行卡、充值、缴费、支付、转账等基本业务。社区银行更像"金融便利店"，店面不大、功能简化、服务便捷、经营灵活，被认为是打通金融服务"最后一公里"的重要渠道。

国内社区银行尚处于探索发展期，各家银行的做法互有不同。国内社区银行大致有 3 种模式：一是开设在社区内的银行支行网点，其客户定位、服务内容、规模与其他一般支行网点不同，但可以办理柜台业务；二是无人值守模式，或离行式自助银行模式，但无法办理现金业务；三是"自助＋人工"模式。前两种模式的实践已持续多年，"自助＋人工"模式实践直到 2013 年才获得较大的发展。2013 年，中国民生银行开始大规模发展小区金融，联合地方政府、地产公司和物业公司，大力推进小区金融的产品体系、渠道网络和支持系统建设，真正为小区客户提供最贴近的便利金融服务。小区金融战略与2009年启动的"小微金融"战略成为中国民生银行战略转型的两大支柱。中国民生银行以"便民、利民、惠民"为目标，依托社区简易型网点，从社区居民需求出发，创新商业模式，形成小区智能化、便利式服务网络，截至2013年底已有3305家社区支行及自助服务网点建成并投产。当前，中国民生银行小区金融提供"智家卡"、"智家贷"、"民生金"和电子银行4类服务。在股份制银行中，兴业银行、平安银行、光大银行、华夏银行、招商银行和浦发银行等先后涉足社区银行，开办社区支行。

社区银行可以为小区居民提供更加便利、贴心的金融服务，但其中存在着一些风险隐患，可能会发生一些侵害金融消费者权益的不规范销售行为。特别是，"自助+人工"模式在实践中有可能存在违规扩张网点以及不规范经营的问题，是风险隐患的集中地。城商行也在发展社区银行方面进行了有益的探索。例如，早在2006年，北京银行就在荷兰国际集团（ING）的协助下探索社区银行服务模式，并于2007年在北京地区对北苑路、报国寺、四季青3家支行进行了社区银行模式改造。2010年10月，北京银行还推出社区银行个人金融服务模式品牌——"社区金管家"。2010年9月，宁波银行首家社区支行——宁波长丰社区支行开业，遂启动了"社区银行"计划，以执行其关于中高端个人零售客户的战略。截至2013年底，宁波银行社区支行总数已达到28家。南京银行正在积极申报和筹备4家社区银行。华融湘江银行在2014年7月底之前，已设立8家社区支行，另有多家正在筹建过程中。截至2014年8月上旬，银监会金融许可征信信息显示，已成立的社区支行总数已经接近700家。

同时，城商行还对社区银行发展模式进行了创新。让社区参与社区银行的建设和管理，是湖北银行百步亭社区支行模式的创新特色。2013年8月8日，湖北银行首家社区支行正式落户百步亭。与其他设立在社区的银行不同，湖北银行社区银行在"银行进社区"的同时让"社区进银行"，主张银行与社区的全方位联动，在为社区居民提供全方位金融服务的同时，让金融服务成为社区服务不可分割的内容。湖北银行社区银行秉承"立足社区居民、立足社区企业、不涉足大企业、不涉足社区外"的服务理念，针对社区金融需求细分市场，构建了个性化、专业化的"4＋N"社区金融产品体系，专为社区支行设计了"社区联名借记卡、社区专项理财、社区商户幸福贷、社区养老金融一键通"等系列产品，打造社区金融"一站式"服务平台，满足小微企业"短、平、快、急"的融资需求和社区居民多样化的产品需求。

社区银行发展是金融脱媒、利率市场化、互联网金融发展以及银行战略转型等因素共同作用的结果。不断增大的零售银行业务空间引来了众多参与者和竞争者，互联网企业和非银行金融机构均在加大力度进入零售金融服务市场，银行业对客户的争夺正愈演愈烈。在互联网金融时代，电子渠道和移动终端在客户拓展和维护方面的功能越来越强，越来越多的交易型业务被转移到电子银行渠道，客户对互联网和各类电子银行渠道越来越熟悉，使用得越来越多。客户金融知识不断增加，他们可以借助自助设备完成大部分日常金融交易业务。传统分支行的业务量在不断下降，但固定成本和网点雇员成本却不降反升。银行营业网点建设和转型需要结合新的客户行为特征和渠道体系持续推进，新型网点将更加智能化、网络化，更加富有现代气息。开办社区银行的成本不如传统支行那样高，但相关成本也需要充分考虑。

（七）双控不良贷款

2013年，商业银行不良贷款余额和不良贷款率整体呈现"小幅双升"态势。截至2013年底，银行业金融机构不良贷款余额为1.18万亿元，比年初增加了1016亿元，不良贷款率为1.49%，比年初下降了0.07个百分点。其中，商业银行不良贷款余额为5921亿元，比年初增加了993亿元，不良贷款率为1.00%，同比上升了0.05个百分点。同期，商业银行各项资产减值准备金为17551亿元，其中贷款损失准备金为1.67万亿元，比年初增加了2175亿元，拨备覆盖率为282.7%，同比下降了12.8个百分点，拨贷比为2.83%，同比上升了0.02个百分点，商业银行整体的风险抵补能力仍然保持充足。

从分行业情况看，商业银行不同行业的不良贷款率呈现出不同的变化。截至2013年底，农林牧渔业、批发和零售业、制造业、住宿和餐饮业的不良贷款率较高，分别是2.27%、2.16%、2.04%、1.79%。其中，截至2013年底，商业银行批发和零售业不良贷款超过1700亿元，不良贷款率比年初增加了0.55个百分点。在个人贷款方面，汽车贷款和信用卡贷款是两个不良贷款率较高的业务领域，其不良贷款率分别是2.04%和1.28%；住房抵押贷款的不良贷款率从2012年底的0.29%小幅下降至2013年底的0.26%，仍然保持在较低水平。

2013年商业银行不良贷款情况的地区差异较大，东部地区不良贷款情况较为严重。东部地区商业银行的不良贷款余额和不良贷款率连续三年持续呈现"双升"走势，西部地区商业银行不良贷款率连续三年持续走低（见图30）。截至2013年底，不考虑总行情况，东部地区商业银行的不良贷款余额为3931.2亿元，占商业银行2013年新增不良贷款的79.2%，比年初新增786.8亿元；不良贷款率为1.12%，比年初增加了0.12个百分点。中部地区商业银行的不良贷款率为0.99%，略低于商业银行平均水平，比年初上升了0.04个百分点。西部地区商业银行不良贷款率为0.67%，比年初下降了0.1个百分点。

从分地区情况看，截至2013年底，地处东部地区的天津、上海、江苏、浙江、福建、山东6个省份的不良贷款率均出现了不同程度的上升。其中，浙江是商业银行不良贷款余额和不良贷款率最高的省

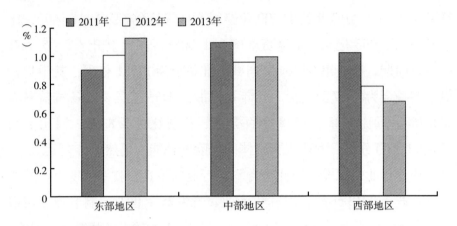

图30 2011～2013年东、中、西部地区不良贷款率

资料来源：银监会年报。

份，不良贷款余额为1035.7亿元，比年初增加了245.2亿元，不良贷款率为1.98%，比年初增加了0.3个百分点。2013年底，福建地区的商业银行不良贷款率增至1.22%，比年初上升了0.46个百分点，增幅列全国各省份首位。进入2014年，广东地区银行业金融机构的不良贷款率开始上升，二季度末不良贷款率升至1.36%。

从2013年底单个城商行的不良贷款数据来看，绝大多数城商行的不良贷款率均处于2%以下，不良贷款问题仍然处于可控范围。不同城商行的不良贷款情况也各有不同，有好有坏。例如，天津银行的不良贷款率从2012年底的0.72%大幅升至2013年底的1.03%，增幅高达0.31个百分点，拨备覆盖率也出现了较大幅度的下降，从2012年底的453.4%下降到2013年底的269.1%。在山东地区，2013年底，青岛银行的不良贷款率为0.75%，仅比2012年底提高0.01个百分点；齐鲁银行2013年采取多种处置方式累计处置不良资产3.5亿元，实现不良贷款余额及占比"双降"，不良贷款率从2012年底的1.15%下降至2013年底的0.96%。在江苏地区，苏州银行的不良贷款率略有上升，从2012年底的0.85%增加到2013年底的0.88%，拨备覆盖率从 2012 年底的 300.73% 略降至 2013 年底的 296.81%。

　　东部地区部分城商行不良贷款余额和不良贷款率已经连续三年"双升"了。在浙江地区，杭州银行 2013 年底不良贷款率从年初的 0.97% 提高到 1.19%，上升了 0.22 个百分点，比 2012 年增速有所下降；拨备覆盖率连续三年下降，截至 2013 年底降至 212.48%。宁波银行 2013 年底不良贷款率增至 0.89%，比年初上升了 0.13 个百分点，拨备覆盖率也是连续三年下降，至 2013 年底降至 254.88%。江苏银行的不良贷款余额最近三年连续增加，截至 2013 年底不良贷款余额达到 47.23 亿元，不良贷款率为 1.15%，比 2012 年底上升了 0.14 个百分点，比 2011 年底提高了 0.19 个百分点。

　　东北部地区部分省份城商行的不良贷款问题也进一步暴露，部分银行的不良贷款余额和比例出现了"双升"。例如，哈尔滨银行的不良贷款率尽管仍保持在较低水平，但最近三年连续上升，至 2013 年底升至 0.85%，比 2012 年底上升了 0.21 个百分点。截至 2013 年底，龙江银行不良贷款余额增加至 5.33 亿元，比 2012 年底增加了一倍；不良贷款率达到 1.16%，比 2012 年底增加了 0.39 个百分点，拨备覆盖率也出现了较大幅度的下降，从年初的 338.57% 下降至 281.5%。吉林银行 2013 年底不良贷款余额为 14.77 亿元，比年初增加了 2.13 亿元；不良贷款率为 1.17%，比年初增加了 0.04 个百分点。

　　中部地区，南昌银行的不良贷款率连续三年上升，2013 年底达到 1.77%，比 2012 年底上升了 0.21 个百分点，拨备覆盖率连续三年下降，2013 年底降至 222.25%，比年初下降了 24 个百分点。湖南地区两家法人城商行不良贷款率有所上升，但均保持在较低的水平上。长沙银行 2013 年底不良贷款率为 0.73%，比 2012 年底上升了 0.01 个百分点，较 2011 年底下降了 0.03 个百分点，拨备覆盖率则连续三年上升，2013 年底增至 391.84%。华融湘江银行不良贷款问题也逐步显现，但不良贷款率远低于行业平均水平，2013 年底不良贷款率仅为 0.38%，拨备覆盖率为 369.25%，较年初出现较大幅度的下降。

地区经济状况是影响城商行不良贷款情况的一个重要因素，但地区因素并不能完全决定该地区银行业的不良贷款情况。例如，同在湖北地区，汉口银行 2013 年底的不良贷款余额为 7.90 亿元，比年初增加了 2.26 亿元，不良贷款率最近三年连续上升，2013 年底达到 1.11%，比年初上升了 0.15 个百分点。最近三年，湖北银行的不良贷款率连续下降，2013 年底降至 0.74%，比 2012 年底下降了 0.02 个百分点，拨备覆盖率呈现连续上升态势，2013 年底达到 381.81%。

一些城商行通过大力清收不良贷款，控制不良贷款问题，取得了较好的效果。例如，浙江稠州银行 2013 年新增不良贷款主要集中在杭州、宁波、温州等地区，但得益于及时有效的风险化解、清收处置及加快核销等综合处置措施，加大了拨备提取力度，确保充分覆盖风险，资产质量保持稳定。截至 2013 年底，浙江稠州银行不良贷款余额为 4.99 亿元，不良贷款率为 1.01%，较年初下降了 0.06 个百分点，拨备覆盖率为 263.99%，贷款损失准备充足率为 627.74%，拨贷比为 2.66%，保持在较高水平。在不良贷款多发的温州地区，温州银行 2013 年实现清收转化五级不良贷款本金 8.79 亿元，核销不良贷款 3.56 亿元，期末不良贷款余额为 6.56 亿元，不良贷款率为 1.24%，比 2012 年底下降了 0.11 个百分点，拨备覆盖率则由 2012 年底的 155.53% 增至 161.32%。再如，2013 年上海银行通过现金清收、项目重组、贷款核销等方式加大不良资产清收化解力度，2013 年底的不良贷款余额为 36.28 亿元，同比上升 3.64 亿元，实现不良贷款率连续三年持续下降，年底不良贷款率为 0.82%，同比下降了 0.02 个百分点，拨备覆盖率为 290.36%，同比提高了 4.78 个百分点，拨贷比为 2.39%，与年初水平保持一致。

2014 年上半年，商业银行不良贷款继续保持"双升"，但整体风险抵补能力仍保持在较好水平。2013 年底，财政部印发了《金融企业呆账核销管理办法（2013 年修订版）》，在追索期限和贷款额度两个维度，大幅放宽了标准，提高了金融企业呆账核销的自主空间。新的呆账核销办法于 2014 年起正式实施。2014 年初，银监会办公厅印发了《关于 2014 年不良贷款防控工作的指导意见》，要求银行业加强不良贷款余额和不良贷款率"双控"管理。截至 2014 年二季度末，各商业银行共核销不良贷款约 1000 亿元，不良贷款余额较年初增加超过 1000 亿元，达到 6944 亿元；不良贷款率为 1.08%，较年初上升了 0.08 个百分点。商业银行贷款损失准备余额为 18254 亿元，拨备覆盖率较年初有所下降，但仍保持在 262.88% 的高水平，贷款拨备率为 2.83%，与年初持平。

2014 年上半年新增不良贷款仍主要集中在东部沿海地区、产能过剩行业、中小企业。同时，风险呈现较为明显的扩散趋势。在地区分布方面，从长三角向其他沿海地区和中西部地区扩散。从行业上看，从钢贸、光伏、船舶等行业向上下游行业和关联产业链蔓延，铜贸、煤炭、铁矿石、大豆等商品贸易领域也出现了违规融资模式。在客户方面，大型企业集团、个人信贷领域的风险暴露，以及企业互保、联保、担保圈银行的风险传染问题也在增多。融资平台、房地产行业、非标债权业务、表外业务等方面的问题也进一步显现。

我国经济处于增长转型和结构调整的阵痛期，中低速增长将成为经济增长的"新常态"，经济环境的深刻变化将对银行业产生重大影响，部分企业运行困难加剧、资金链趋紧、信用风险加大的问题有可能进一步显现。在未来一段时期，不良贷款问题仍将是城商行需要密切关注的重要问题。城商行需要遵照银监会不良贷款管理要求，全面加强风险防范，加强政策引导、前移风险关口、防范重点领域风险，坚决守住风险底线，应对不良资产反弹压力，"双控"不良贷款问题。

一是要加强信用风险管理，严格控制信用风险扩散。重点监控政府融资平台、房地产行业以及产能严重过剩领域的风险，严格管控高杠杆、涉及非法集资和民间高利贷企业的债务风险，及时处置担保圈、担保链、互保联保、企业群和各类仓单融资风险。针对这些重点行业和领域的信用风险，完善风险资产预警机制，从宏观、行业和微观多层面进行研究分析，加强对信用风险形势和风险点的研判，并根据风险研判结果，及时调整对房地产、光伏、钢贸、铜贸、产能过剩等重点风险行业和领域的授信限额，加强分类管理，对重点客户实施"一户一策"名单式管理，对部分风险较高的客户实施退出制度，制订严格的退出计划。对表内表外信用风险实施全口径监测，制定风险防范和风险化解方案，完善重点风险报告体系，实现风险早发现、早报告、早处理。完善贷款损失准备政策和资本管理政策，提高贷款损失准备政策的动态性和前瞻性，做好资本充足性评估，确保资本金水平和资本质量保持在合理水平，增强损失吸收能力。

二是严防表外业务风险输入和外部风险传染。城商行需要将表外业务纳入统一授信，建立和完善表内表外全口径的授信体系和信用风险管理体系，完善表外业务的风险资产评估和损失准备计提政策，避免表外业务风险侵蚀资产。加强同业准入管理，防止同业交易对手风险传染，密切监控信托项目、券商资管计划、融资性担保等领域的风险。

三是加强存量信用风险排查和贷后检查。加强对潜在风险客户的风险排查，排查抵质押物、关联企业及担保企业状况，了解重点客户的经营状况、风险程度、投资状况等，摸清底数，定期报告风险资产情况，发现风险苗头和问题事件时，应及时启动应急管理预案，做好风险防化，消除风险隐患。

四是完善不良贷款管理机制，加大不良贷款保全和清收力度。强化不良贷款日常管理要求，确保贷款分类的独立性和准确性，严格按照监管部门的要求实施贷款质量分类管理，制定严格贷款风险分类标准，定期调整贷款分类结果，及时、如实反映贷款质量。研究制定不良贷款保全和清收方案，制定不良贷款保全和清收目标，加强对不良贷款管理、保全、清收、转让、处置的指导和监督。充分发挥绩效考核体系的激励和引导作用，提高资产质量在考核方面的权重，采取考核奖励延期支付等激励方式，明确责任单位，加大问责力度。加强与财政、税务部门的沟通，争取更多的不良贷款核销自主权及配套的税收政策。

五是，从长远看，要严守银行经营管理规则，回归铁账本、铁算盘、铁规章的"三铁"要求，回归安全性、流动性、效益性的"三性"原则，回归贷前调查、贷时审查、贷后检查"三查"制度，回归前、中、后台的"三分离"安排。加强对制度流程的清理和优化，将这些审慎经营原则贯穿于自身经营管理活动的各个环节和方面。加强风险合规的理念宣导，让风险、合规、审慎经营的理念深入人心，并体现在员工行为的各个方面。

专 家 篇

Reports by Experts

B.5

银行业有力推进了上海国际
金融中心建设

郑 杨

　　银行业是金融体系当中重要的组成部分，特别是在我国当前的金融结构下，银行业在支持社会经济发展过程中发挥着十分重要而关键的作用。银行业金融机构也是上海国际金融中心建设的生力军，近年来在国家管理部门的指导和支持下，上海银行业加快创新转型，不断拓展业务发展空间，有力推进了上海国际金融中心建设，支持了上海经济转型发展，表现在以下四个方面。

　　（1）机构加快集聚。上海的金融机构，包括商业银行、信托、金融租赁、财务公司、汽车、金融、货币经纪公司等已经超过1300家，特别是近年来随着上海金融市场规模的持续扩大，各类围绕市场发展的资金运营、资金管理等金融机构不断增多，大型商业银行纷纷在沪设立总部型功能性机构。

（2）业务创新日益活跃。近年来，上海银行业围绕产业结构升级、实体经济的需求以及民生事业的发展，积极开展金融创新，在小微金融、科技金融、贸易金融、财富管理、跨界人民币业务方面开展了一系列的实践和探索，取得了较好的成果。

（3）对外开放继续扩大。上海已经成为外资银行在华总部主要的聚集地，截至2013年末，上海共有外资银行23家，占全国一半以上。此外，金砖国家开发银行落户上海必将进一步提升上海国际金融中心的国际影响力。

（4）发展环境持续优化。在信用体系建设方面，落户上海的央行征信中心数据覆盖范围持续扩大，上海市的公共信息服务平台开通运营。为了鼓励创新，上海在市级层面设立了金融创新奖，不少商业银行创新项目得到了这个奖励。

建设中国（上海）自由贸易试验区（以下简称自贸区）是党中央做出的重大战略决策，自2013年9月挂牌以来，在国家金融管理部门的指导和支持下，自贸区金融改革在制度建设、业务创新、市场平台搭建以及金融机构聚集方面取得了积极的进展，表现在以下四个方面。

第一，基本形成自贸区金融开放创新的制度体系。"一行三会"发布了51项金融支持自贸区建设的政策措施，2014年以来中国人民银行、银监会、保监会等陆续出台了一系列的实施细则，大约有13个，特别是2014年5月22日中国人民银行发布的两项重要的基础性细则——分账核算业务实施细则和审慎管理细则，为自贸区开展金融改革奠定了良好的制度基础。

第二，积极推进了自贸区面向国际的金融市场平台建设。上海期货交易所在区内设立了国际能源交易中心，黄金交易所国际版已经获得批准，上海证券交易所将在区内设立国际金融资产的交易平台。

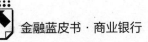

第三，探索推出了一批有特色的金融创新案例成果。涉及存款利率的市场化创新、自贸区企业融资创新、支付结算创新、企业资金管理创新、对外直接投资创新等方面，商业银行是这些金融创新活动中重要的推动力量。

第四，大力聚集了一批金融和类金融的机构。中外资商业银行纷纷在区内设立了分支机构，到目前为止，在上海自贸区中设立的"一行三会"颁发牌照的金融机构有 37 家。

新常态意味着新的机遇，同时也有新的挑战。希望包括商业银行在内的各类金融机构能够主动适应新常态，把握好国际金融中心建设和自贸区建设的重要机遇，加快战略转型，服务实体经济的发展要求，争取在新常态中谋求新发展，展现新风采，迈向新台阶，取得新佳绩。

（作者系上海市金融服务办主任）

B.6
融资成本趋势性下降

盛松成

当前我国企业，尤其是小微企业融资难、融资贵的问题已引起了社会的广泛关注。近年来，在党中央、国务院的领导下，中国人民银行和其他有关部门积极引导金融机构支持小微企业，降低融资成本，最近几个月，前期实施的一系列微刺激政策效果初步显现，总体来看，融资成本开始出现缓慢趋势性的下降。这就是我们银行业的一个新常态。

融资成本趋势性下降的依据来自中国人民银行调查统计司的标准化存贷款综合抽样统计系统的数据（央行以近300家法人金融机构的3000多家支行作为样本，每个月采集1亿笔左右的存贷款信息，约占全部金融机构存贷款总量的10%）。这个系统既有存贷款量的统计，又有资金价格的统计；既可以生成存量数据，又可以生成流量数据；既可以提供分期限、额度、地区、行业和企业规模等多方面的数据，又可以根据分析研究的需要对这些数据予以灵活组合，进行深度挖掘。

根据我们的统计数据，2013年初至2014年一季度，金融机构新发放贷款利率基本呈上行态势，2014年3月新发放贷款利率比年初上升了17个基点，比2013年同期提高了42个基点，但是我们发现，从2014年的二季度开始新发放贷款利率的走势发生了改变，4月利率上升趋缓，5月开始下降，到了6月金融机构当月新发放贷款利率降至6.7%，比利率最高的4月低了7个基点，已经接近2014年以来各月的最低水平，所以我说从 2014 年二季度开始整个贷款利率出现缓慢的趋势性下降。

从金融市场看，2014 年上半年短期利率大幅度下降，截至 9 月 10 日一周的利率比年初下降了 209 个基点，下降幅度很大；七天回购利率比年初下降了 218 个基点，银行间市场的五年、七年、十年的国债收益率分别比年初下降了 43 个基点、37 个基点和 26 个基点。银行理财、资金信托和余额报等市场化产品的收益率基本上呈现回落趋势，7 月理财和信托平均预期收益率分别比年初下降了 54 个基点和 42 个基点。

整个金融市场的利率呈大幅下降态势。当然，金融市场利率下降影响到实体经济、影响到整个融资成本会有一个缓慢的过程。

根据综合抽样统计数据，我们得出了三个结论。

第一，微刺激政策效果初步显现。2014 年以来党中央、国务院出台了一系列稳增长、调结构的微刺激政策，4 月、6 月中国人民银行两次降准，促进对"三农"和小微企业等国内经济薄弱环节和重点领域的信贷，释放了部分流动性，政策效果从 5 月开始显现，5 月当月新发放贷款利率小幅下降，比 4 月下降了 5 个基点，6 月继续下降 2 个基点。随着中小企业贷款、定向降准等结构性刺激政策的实施，不同规模、不同所有制的企业贷款利率出现了不同程度的下降，二季度以来小微企业特别是微型企业新获得贷款利率比大中型企业下降得更为明显，小微企业融资贵的问题有所改观。其中，2014 年 4 ～ 6 月微型企业新发放贷款月平均降幅达到 15 个基点，而同期全部企业贷款利率月降幅是 3 个基点，说明小微企业的贷款利率还是比较高的，但是下降力度和幅度都大于大中型企业。从所有制性质来看，非国有控股企业的贷款利率下降幅度大于国有控股企业，6 月国有控股企业当月新发放贷款利率比 3 月低 4 个基点，但是仍高于年初水平，而非国有控股企业 6 月新发放贷款利率比 3 月低 11 个基点，比年初低 4 个基点，也就是说非国有控股企业的贷款利率总体上比国有控股企业还高，但是其与小微企业一样下降幅度较大，速度较快。

第二，信贷风险是决定贷款利率高低的重要因素之一。2013 年以来商业银行贷款不良率开始上升，贷款利率中包括了风险议价的水平比较高，这在一定程度上影响了企业融资成本的下降，从借款企业规模来看，2014 年 6 月末小微企业贷款利率的不良率分别比中型和大型企业高 0.54 个百分点和 1.57 个百分点。总体不良率趋势是这样的，企业规模越小，总体的不良率越高，所以 6 月新发放小微企业贷款利率分别比中型和大型企业高了 49 个基点和 84 个基点。从所有制性质看，2014 年 6 月末非国有控股企业的贷款不良率高于国有控股企业 1.71 个百分点，还是比较多的，所以 6 月新发放非国有控股企业贷款利率比国有控股企业高 45 个基点。如果依据风险状况对贷款收益进行调整，我们发现小微企业贷款收益率与大中型企业的贷款收益率基本持平。也就是说，你把风险议价都去掉，大中小微企业对于银行来讲的收益率是基本相当的。可见，在一定程度上高风险是高利率的原因，高利率是高风险的结果，也就是我们平时所说的风险议价的原因。近期，微刺激政策精准发力，使小微企业的融资状况有所改善，但是小微企业的信贷风险仍然相对比较高，所以小微企业的贷款利率总体高于大中型企业，这是与市场化的利率定价机制相适应的。

第三，利率市场化不是企业融资成本上升的根本原因。在利率市场化的过程当中，市场化产品越来越多，理财产品、余额宝收益率明显高于存款利率，整体上推高了银行成本，但是银行成本的提高并没有同步导致银行贷款利率的上升，贷款利率上升并没有和存款利率或者说银行成本的提高同步上升，这说明利率市场化并不一定推动贷款利率的上升，未来如果我们进一步进行存款利率的市场化改革（扩大浮动幅度甚至是放开存款利率上限的管理），那么存款利率将会走高，这是个趋势。但是理财产品等市场化金融产品的收益率反而会下降。这是我们研究了历史上英美国家等国际经验以后得出的结论。这是因为，市场化的金融产品受到原来管制利率的冲击以后，它的需求会减少，大量的资金会流向原来被管制的存款，所以最后的结果一方面是存款的上升，另一方面是市场化金融产品收益率的下降，最后的结果很可能是整体利率反而会下降。

目前我国企业融资成本比较高的根本原因，首先是资金供不应求的矛盾比较突出，一些市场主体，比如说地方融资平台存在财务软约束，对利率的敏感性不高，这个软约束的需求一方面推高了贷款利率，另一方面对小微企业也产生了挤出效应。其次，企业融资成本比较高是由我国特殊的社会经济环境决定的，与国家比较快的经济增速以及直接融资占比较低等都有很大的关系，而要从根本上解决这一问题需要较长时期的努力。

（作者系中国人民银行调查统计司司长）

B.7
新常态下商业银行应加强风险管理，稳健经营

魏国雄

中国经济发展过程中不断出现新的调整。如今我们正处在经济调整的时期，经济调整必然带来银行业的调整，当然这个调整我觉得既有结构性的调整也有战略性的调整。

我国前面若干年的经济高速增长也带来了银行业的高速发展，或者说带来了银行业的繁荣，所以当前银行非常多，竞争比较激烈。但是随着经济出现了新的常态、新的变化，银行业也面临着很多新的变化。尽管现在市场上银行业的新产品比较多、创新者比较多，但是对于银行业来说，新常态更多的是一种模式的变化。过去我们基本是在做一些传统模式下的银行。随着经济结构的调整，银行的经营模式将在未来发生比较大的转变，特别是随着大数据互联网业务的发展，e金融、e银行将会成为未来银行发展的重要新趋势，或者新模式。我们的风险管理模式、客户、产品、经营成本都迫使我们在模式上进行转化，如果不在模式上进行转化，我们的成本、风险控制将难以适应这样一种新的变化。

目前银行业的问题比较多，压力比较大。这里既有经济调整下行时期的外部影响，也有内部问题，我们的管理也有问题。通过解剖每一笔不良贷款的形成，我们发现，这里面不可否认地有我们在管理上的问题，也有很多理念的问题，例如，有些银行在发展过程中比较进取，希望能够发展得快一点，能够竞争力强一点。同时，对风险识别

的传统方法、模式也有很多问题，现在的信息越来越不对称，银行用传统的方法越来越难以获取更完整、及时、准确的信息了，而这些信息又是我们风险识别的基础。所以，在未来发展中必须要调整，必须改变，随着外部的市场变化，客户的经营方式模式也在变化，因此银行的风险管理经营模式也要发生变化。所以我认为在新常态下，经营模式的变化对于银行业来说更具挑战性，因为银行需要控制好成本，也需要控制好风险，管理风险是需要成本的，对于怎样在成本最低的情况下把风险控制好，我们现在面临的经营模式的挑战可能比创新一些产品更具战略意义。

现在大家都在探索怎样用好大数据、用大数据的理念帮助银行做好风险的识别工作，因为现在的企业都是跨区域甚至跨国境的，其经营模式又是多种多样的，有些企业经营的产品跨很多领域、跨很多行业，所以单纯地运用一种模式、一种方法、一种管理，难以做好风险管理工作。因此，我们现在更多地要借助于技术，借助于信息网络做好战略转型。

当然还有一个很重要的问题，在战略转型过程中我们的偏好也要相应地调整，应该更多地转为倾向于稳健，如果过于进取，则很难做好战略调整。因为调整的过程不仅包括模式上的调整，还有经营理念的调整，经营理念的调整是经营模式调整的基础，我们需要更加稳健的经营理念。银行要办成百年老店，稳健为本，稳健是基础。无论外部环境怎样变化，银行的经营必须稳健，这是一个基本的出发点。在新常态下，我们需要银行业以更稳健的经营理念来创新经营模式，更好地为新常态下的实体经济服务，做好金融产品创新，银行业将会迎来一片新的"蓝海"。

（作者系中国工商银行首席风险官）

中国银行业的转型难题

黄志凌

金融危机之后全球银行业都在找方向，截至目前都还在探索之中。

危机之前全球银行业的发展趋势几乎是相同的，大多数银行都在追求规模扩张，比速度、比收入、比地盘、比多样性、比新奇、比技术、比谁更能监管套利等，求大、求前、求广、求快、求新，很多大型银行涉足金融市场的各个领域。国际排名也将资产规模、盈利收入、绩效指标作为衡量银行好坏的标准，这在一定程度上认可了这种发展模式。当然也有一些银行走的是完全不同的发展道路，比如坚持连锁和本土战略的法国银行，以资产托管为特色的纽约银行。2008年金融危机爆发之后秉承上述模式和理念的银行，要么在法律上意义上破产，要么在经济意义上破产，要么"苟延残喘"，金融危机爆发之后金融业一片狼藉。在此情况下，监管部门开始反思，实施强制监管，给银行业安全画红线。危机之后国际监管改革逆转了银行业投行化的发展趋势，强化了资本要求，更加注重银行资金来源的稳定性和流动性管理，加强对系统性风险的管理。

危机之后经济金融市场环境发生了重大变化，传统的银行业盈利模式受到资本及市场的约束而被迫转型，寻求新的方向和道路。几年前，新资本协议就银行监管达成了共识，在某种意义上指明了银行改革转型的方向。但近年来国际银行业的实践归集并不统一，没有形成所谓的标准模式。许多银行在收缩，实施所谓的"瘦身"计划，放弃不成熟、不熟悉的业务，比如花旗集团将更多的资源集中到优势业务上，对非优势业务实施缩减策略，汇丰银行宣布将关闭100家次贷

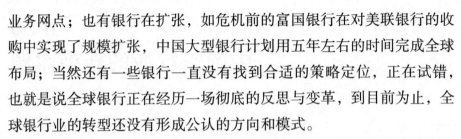

业务网点；也有银行在扩张，如危机前的富国银行在对美联银行的收购中实现了规模扩张，中国大型银行计划用五年左右的时间完成全球布局；当然还有一些银行一直没有找到合适的策略定位，正在试错，也就是说全球银行正在经历一场彻底的反思与变革，到目前为止，全球银行业的转型还没有形成公认的方向和模式。

就在国际银行业都在寻找方向的时候，中国银行业更是面临战略转型的难题。

首先，转型更加迫切。虽然中国银行业在金融危机中没有遭受重创，但危机之后随着全球经济步入漫长的下行期，中国经济结构也面临着巨大的压力，市场化改革在期待与疑惑中摸索前进，银行业经营的外部环境发生了根本性变化。一方面，国际大银行在金融危机中的遭遇也给中国银行业敲响了警钟，监管机构发布新监管协议，监管标准全面引入，资本约束显著加强；另一方面，为应对危机在特殊时期内发放的天量贷款也为中国银行业埋下了大量的风险"种子"，市场化改革使得现有银行盈利模式不可持续，引发银行对前景的悲观预期。

其次，中国银行业转型的方向和道路已经没有可以复制的标准模式了。中国银行业和所谓的国际领先银行所处的经济发展阶段和金融市场水平完全不同，这种市场水平和发展阶段的差异为我国银行业和欧美银行业横向比较带来了困难，我们很难通过简单的对比来否定某种发展模式或者肯定某种发展模式。中国银行业此次转型与前两次转型完全不同，前两次是从专业银行向国有商业银行转型、从国有商业银行向股份制商业银行的转型，由国家统一设计，道路清晰、方向明确。但此次转型没有清晰的道路，完全依靠各家银行自己探索。中国银行业转型在中国经济结构调整和经济增长方式转变与金融市场改革的叠加当中进行，增加了转型方向选择与转型模式设计的复杂程度。一是市场机制改革，银行业不能只盯住国企，民企将是未来经济发展的方向，需要银行业的高度重视。二是利率和汇率的市场化，使银行流动性管理难度增大，银行通过资产组合、定价模型、衍生品交易来管理、对冲流动性，这些都是现有银行业不熟悉的系统风险敞口管理。三是"三驾马车"的变化，经济增长方式由投资拉动向消费与内需驱动的转变是一个过程，在此期间，投资与国际贸易领域的金融需求仍然十分巨大，但是随着消费占比不断提升和国民消费模式不断变化，消费金融将成为未来银行业市场战略的重点，届时将逼迫银行转型并真正考验银行的经营服务能力。

未来中国银行业战略转型到底需要考虑哪些问题？

尽管全球银行业转型方向还在探索当中，但是有几点是大家共同意识到的：首先是必须转型；其次是转型的目标是找到最适合自己的市场优势，进行与此相适应的内部体制机制等一系列的改革创新；最后，目前是战略观察、战略思考、战略设计、战略选择的重要机遇期，更是战略风险管理的关键期。我认为，大型商业银行确定发展战略至少要考虑以下核心因素：第一，要有潜在的巨大市场。小银行关注局部区域性的市场，大银行需要分享规模经济、范围经济、风险分散的好处，必须专注于具有一定规模或者高成长性的市场。第二，要有良好的风险收益结构。有些市场的规模虽然大但潜在风险高，收益与风险不匹配。第三，要有战略基础，包括现实基础以及经过资源投入后可以培育出来的能力基础，不存在难以逾越的根本性障碍。第四，要有较强的不可替代性。第五，要确立为客户创造价值的商业银行价值观。借助产品组合和风险管理技术帮助客户创造价值，或者降低成本。这种价值观越成体系越可以形成较强的客户黏性，持续时间越长就可以越长久地获得客户的价值回报。

无论是实施新的市场战略还是实施转型，都要具备坚实的经营管理基础，而且经营基础的建设也是战略问题。其主要包括四个方面的基础：数据基础、制度基础、二级基础以及人才基础。

（作者系中国建设银行首席经济学家）

B.9
地方商业银行应积极进行混合
所有制的改革

王乃祥

近期国有企业混合所有制改造上升到一个议题上来。本文将从股权结构特点与现状、股权结构治理及存在的问题、混合所有制改革的合理性、混合所有制改革的核心问题与目的以及混合所有制改革的路径和建议方面展开说明。

地方商业银行股权结构现状与特点表现为以下五个方面。

一是地方财政局直接控股型的地方商业银行的占比最多；二是属于地方国有资本公司或地方企业控股型的银行占比其次；三是股权较为分散，但国有企业或财政局占优先型的银行比例较小；四是外资金融机构和战略投资人控股型的银行占比也比较小；五是职工股占优型的银行是极少数的。

股权结构及治理中存在的主要问题表现为以下几个方面。

第一，股权比例不均衡，民资、外资股权比例受到监管部门一些门槛的限制，有的只能象征性地参股不能控股，这是一类问题。第二，我们看到股权话语权差异比较大，国有股权即使占比不大，但其在商业银行治理结构中的话语权也非常大。第三是行政干预，地方政府直接采取行政手段管理地方银行的人事权和经营控制权。第四，公司治理形同虚设，民资与外资股东不能享有与国资同样的话语权，董事会在人事管理、重大投资决策、薪酬管理、激励机制等方面缺乏实际的权限，这些权力往往受到地方政府和地方行政的干预和控制。第五，经营机制的缺陷，董事会决策功能不足，内部制衡机制不健全，管理层在运营中缺乏独立性和话语权，激励、约束机制不够完善。

地方商业银行混合所有制改造也到了关键的时刻，混改合理性表现为以下几点。

第一，政策合理性。2014年7月银监会主席尚福林在2014年中的总结会上明确指出，推进有条件的商业银行实施混合所有制改革，扩大银行资本补充渠道，激发市场化发展活力。这是监管机构领导发出的声音，从政策的合理性来讲已经具备条件。第二，理论合理性。城市商业银行和农村商业银行的资产规模小，改革波及面小，同时不涉及大而不倒的问题，而且民营企业参与具备实力，可以作为民营企业银行外银行的改革重要抓手。第三，现实合理性。混合所有制改革的含义是比较广泛的，不仅可以阶段性地解决部分城商行、农商行资金不足，股权、话语权不对等的问题，而且还可以从结构上、公司治理上扭转机制和体制的缺失。

混合所有制改革的核心问题和目的如下。

本轮混合所有制改革的核心问题表现为产权清晰、相互制衡、提高机制效率。目的是什么呢？如何做到削减和剥离与地方政府的关系？从上述分析中我们可以看到，地方行政的干预十分强大，因此城商行要想快速发展，可能要在减弱和剥离与地方政府的关系上做出努力。进一步优化和清晰产权关系，也是这次混合改革的目的之一，脱离地方政府实际控制的状态也是本轮改革的目的之一。

混合所有制改革的路径以及手段如下。

我们从混合所有制改革的股权混合上看到，股权应该多元化、均衡化，同时需要降低国有资本的比例，实现股权结构的优化，降低民资、外资进入城商行的门槛。在股权平等方面，要实现不同所有制企业的公司治理、话语权对等，要发挥不同性质股东的优势。结构治

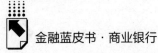

理、公司治理要到位，实际赋予董事会经营决策的权力，实施董事会管理层相互独立、相互制衡的机制，减少甚至消除行政干预，董事会的成员应该多元化，同时呼吁在城商行董事会成员中引进更多的专家以及管理层持股等。从激励机制改革方面看，管理层长期持股是有效的途径，同时员工股权的激励机制应该进一步加强。

（作者系北京金融资产交易所副总裁）

B.10
守住风险底线，创新转型发展

赵世刚

对中国经济新常态有三点理解：一是新常态经济的增速适度，与潜在增长力相适应，有可持续性；二是新常态强调环保和民生，强调发展；三是创造有利的经济制度环境，使市场在资源配置中日益发挥决定性的作用。

中国经济经过长时期的两位数高速增长目前已经进入了经济增长的换挡期、结构调整阵痛期和前期刺激政策消化期，传统的粗放型增长模式已经不能适应当前经济发展的需要。中国经济新常态下的发展模式、转型将对我国商业银行的发展产生巨大的影响，也将给商业银行的经营管理带来新的挑战。新常态下中国商业银行面临的挑战主要表现在以下五个方面。

第一，资产质量的挑战。最近爆发了一些系统性的风险，包括行业风险、趋势性风险，充分暴露了商业银行在经营管理中存在的漏洞。资产质量的压力目前仅仅刚刚开始，在2014年底，特别是2015年上半年，对中国商业银行资产质量的考验和压力将逐渐显现出来。

第二，利率市场化的冲击。利率市场化对商业银行最直接的影响就是资金成本的上升。现在，活期存款比例在下降，取而代之的是各种理财产品等金融创新产品，这些产品都变相地提升了商业银行的资金成本。另外，当前商业银行资金的运用也面临着极大的挑战，在企业经济效益不好的前提下，企业接受不了商业银行这么高的贷款利率或其他的融资利率。

第三，资本管理的挑战。巴塞尔协议Ⅲ对资本充足率的管理规定是最严格的，很多商业银行达不到它的要求。但从当前角度看，监管将始终把风险控制放在第一位，特别是将商业银行风险控制放在第一位。

第四，对商业银行盈利能力的挑战。受多重因素的影响，我认为2014年中国的商业银行大约能保持15%左右的利润增长，2015年大多数的中国商业银行都会保持10%以下的利润增长速度。

第五，商业银行转型发展面临的挑战。这几年商业银行的快速发展，不是依靠单纯存款和贷款的投放，主要是依靠同业业务的创新和发展。现在监管部门对同业业务提出了明确的监管要求，特别是127号文件发布后，商业银行在同业业务上腾挪的空间明显受到压缩，这对商业银行的盈利能力提出挑战。同业业务的风险是存在的，单纯考核一个存贷比的概念远远不适合当前商业银行的状况，现在对中国的商业银行来说更加重要的是如何加强对非信贷资产的风险管理，而不仅仅是对贷款利率的风险管理。

中国商业银行应对新常态下的挑战主要表现在以下五个方面。

第一，我们要重新审视银行发展战略。面对经济发展的新常态所带来的变化，商业银行要坚持审慎经营、稳健发展的经营管理理念，在银行战略、公司治理、风险偏好、业务结构等方面不断调整和完善审慎性管理要求，重新审视银行发展战略，客观评估自身资本实力和管理能力，保持适当的增长速度。根据国家的产业政策、货币政策、区域发展战略、市场和客户的需求确定差异化的发展目标。

第二，加强公司治理机制的建设。商业银行要形成对集团发展的长远目标有利的治理机制和结构。一方面要考虑怎么完善商业银行风险管理，另一方面要思考怎么更好地激发商业银行创新的热情和提升商业银行创新的能力。

第三，明确商业银行的风险偏好。很多商业银行的风险偏好是中性的，或者偏审慎的。在当前中国发展新常态下，商业银行的风险偏好要逐步调整到审慎。因为现在经济形势和企业自身的发展状况对商业银行的风险管理、资产质量的管理带来了很大的挑战。

第四，提升银行自身的业务结构。要做好自身业务结构的调整，包括资产负债的配置需要遵循流动性风险管理的基本要求，对单一行业、单一客户要严格实施总量控制，逐步调整传统资产业务模式等。随着经济的变化，银行资产结构会发生变化，客户结构也会发生变化。

第五，提升商业银行互联网金融的可竞争能力。当下，中国的商业银行应该认真地总结如何在互联网金融上跟进形式、完善形式。互联网金融现在影响最大的还是个人银行业务，主要还是体现在移动支付、产品销售方面，对银行的其他业务和同业业务的影响是循序渐进的。最核心的问题还是平台的竞争、销售能力的竞争，无非是利用平台加强产品的销售，发展更多自己的客户。互联网金融给中国商业银行带来了很大的挑战，如果跟不上脚步就会被时代逐渐淘汰。商业银行要调整自己的战略，提升自身的互联网竞争能力。

（作者系渤海银行行长）

B.11
当前中国银行业的挑战是前所未有的

连 平

2001 年，加入世界贸易组织之后，考虑到外资金融机构的大举进入以及金融脱媒，当时业界一致认为这两个压力将给中国银行业带来很大的挑战，可是十几年过去了，事实证明这两者对整个银行业的压力并不大；2008～2009 年，全球百年不遇的危机，给西方的金融业包括银行业带来了巨大的冲击，中国银行业也受到了一些影响，但是总体来说影响不大。中国银行业真正感到困难是从最近两年开始的，现在银行业遭遇到的挑战是两面夹击式的战略挑战，是同时来自资产和负债两方面的持续的压力和挑战。

从资产的角度来看，首先，2013 年以来，资产业务越来越感觉到有压力，产能不过剩的行业已经很少了，在信贷投放方面始终感到风险压力巨大；其次，目前资产质量的压力巨大，从 2013 年开始不良转为双升，这一趋势未来恐怕还要延续一段时间，从目前的经济运行态势来看，不良资产反弹的压力持续上升，2014 年不良贷款率很可能会上升到 1.14%～1.19%。

通过压力测试来看中国银行业所面临的巨大风险。如果说 GDP 在未来下降 1 个百分点的话（从现在 7.5 左右降到 6.5 左右），整个银行业的不良资产会是一个什么态势呢？经测算，不良率将上升两个百分点。从现在 82 万亿元信贷的基础上上升两个百分点意味着约 1.6 万亿元的不良资产，这也就意味着现有规模的盈利荡然无存。

从负债的角度来看，存款增速在最近一两年发生了明显的变化，存贷款的增速依然很快，但是存款增速持续下降，从 8 月数据来看，存款增速只有 10.1%，而贷款的增速是 13.3%，且差距进一步扩大。所以，在目前存贷比考核机制不变的情况下，银行确实承受着很大的压力。

下一步中国银行业应该怎么做？

首先，改革。没有改革是没有出路的，若不改革，整个银行业的状况将不会发生积极的变化，具体涉及银行业本身体制和机制的改革。中国的银行业，尤其是城商行，比较多的是外部人控制、政府控制，不像西方的商业银行是内部控制。因此，目前来看，我们推进混合所有制改革的空间是很大的，而且效应也是显而易见的，当然前提是国有资产不能流失，且国家对主要金融机构的控制力不能松懈。

其次，转型。转型的推动力在于改革，改革不到位，内部的体制机制不能更多地向市场化和商业化方向转变，转型也难以实现。转型涉及内部的管理体制、考核机制、业务模式等，只要通过很好的内部体制、机制改革，转型不是问题。

最后，外部环境、市场环境。最关键的是从宏观管理、监管的角度看如何创造一个跟市场化发展、利率市场化持续推进的环境相适应的监管环境，跟整个市场运营实际状况相适应的监管环境，这是摆在监管者面前的一个重大课题。如果不能及时地跟进这种变化，不能适应市场的变化，不能适应金融机构改革的要求，依旧沿用现有的监管方式、体制、模式，那么显然不能适应新一轮的变化，这就需要加快利率改革，同时还需要相关部门简政放权。

市场发生了变化，市场化程度越来越高，整个市场竞争程度越来越高，对于此，所有的监管体制模式都需要很好地、及时地加以反思，及时调整。只有这样才能营造一个有助于利率市场化的经济环境，银行业才能在市场化程度不断提升的条件下保持平稳运行，从而更好地服务于实体经济、小微企业、民营企业，保证、保障、支持我们的经济平稳增长，不断地改善质量、调整结构，实现我们的目标。

（作者系交通银行首席经济学家）

B.12

"存款外逃"是利率市场化下
银行业的新常态

鲁政委

　　在利率市场化下，恐怕一个最明显的新常态就是银行体系所面临的"存款外逃"问题。这里所说的"存款外逃"不是钱从银行跑掉了，而是钱从银行的"存款"账户变到了另外一个不叫"存款"的账户中去。

　　观察过去的历史数据，在自2003年以来的10年里，中国银行业负债中存款的占比整体上持续下降，从2005年最高的84%降到2013年的76%（见图1）。

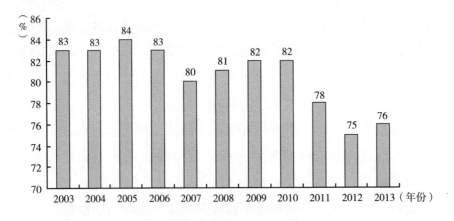

图1　中国银行业：存款/总负债

　　与此同时，各类投资理财迅速崛起。观察图2，目前我们的基金资产管理规模为4.2万亿元，券商受托资产管理本金总额为5.2万亿元，保险市场资产总额为8.3万亿元,银行理财产品余额为10.2万亿元,信托资产余额为10.9万亿元,这些加起来总共达到38.8万亿元,比23.9万亿元的股票市值(截至2013年末)高出了14.9万亿元(高出了约62%),也显著超过了债券余额的规模(30万亿元,如果只算信用类债券则规模更小),接近银行存款规模(100万亿元)的40%。一句话,各类投资、理财早已不是可有可无、能够忽略不计的了,它们都是存款的有力"竞争者"。

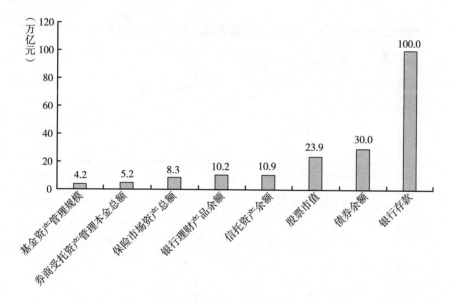

图2 各类投资、理财渠道迅速崛起

为什么说利率市场化条件下,"存款外逃"是新常态呢?因为每一个利率市场化先行者都曾经面临过存款的"外逃"。比如在美国,利率市场化过程是从1970年开始到1986年结束的。在此期间,存款在总负债中的比例也是持续下降的。存款持续下降,伴随这一过程出现的一个典型标志就是货币市场基金的迅速崛起。观察图3上图,美国的货币基金在1979年之前几乎是可以忽略不计的,此后快速上升,与之对应的则是银行储蓄存款突然出现了大幅的下降。由此对银行的负债结构形成了巨大的影响。从图 3 下图可以看到，银行储蓄存款在 20 世纪 70 年代末 80 年代初也出现了大幅的下降，与之对应的则是大额定期存款在上升，定期的小额存款也在上升。这里的大额定期存款其实就是大额可转让存单（CD），这里的小额定期存款则是柜台面向普通人发售的几万美元的小额 CD，它们实际上都已是 CD，而不再是传统意义上的存款。

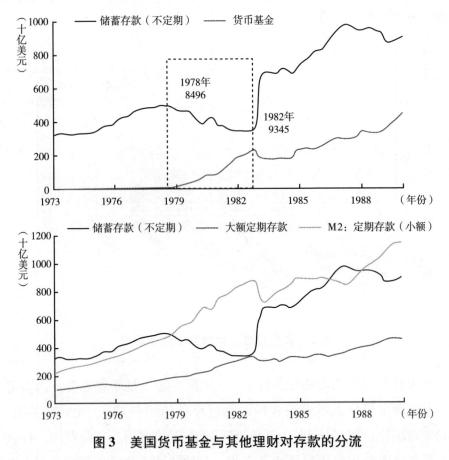

图 3　美国货币基金与其他理财对存款的分流

面对着银行业存款的外逃，监管者如果不及时做出政策调整，银行能够选择的空间是非常有限的，所以需要监管者和银行共同努力。

第一，提高资产的流动性。这主要从银行存款外流、负债流动性不断增强以及如何应对未来可能出现的流动性风险的角度去考虑。过去几年我们刺激投资，银行资产中的中短期贷款的占比不断提高。但与此同时，负债方的流动性也因利率市场化而不断强化。从这个角度讲，我们需要相应提高资产方的流动性，即资产证券化。

第二，提高负债方的稳定性。我们要推进大额可转让同业定期存单（NCD）的发展，发展直接面向企业和柜台的 CD，拓展银行类企业发债的空间，让银行发债常态化。

第三，打破刚性兑付。现在一个非常关键的问题是，理财市场上有着强烈的刚性兑付预期。在这种情况下，如果投资人不太在意资产的流动性，一个刚性兑付理财产品就是和存款一样安全的，但收益率却是存款的十几倍或几十倍。由此带来的问题就是，低收益存款的安全性特性没有得到有力彰显。所以，需要打破刚性兑付，使大家真正明白银行存款的低利率，是因为给了投资者最安全的保障。

第四，取消存贷比。存贷比造成了存款定价的非理性。在利率市场化的其他渠道不断与银行竞争资金来源的时候，为了满足存贷比的要求，银行不得不在可能的条件下抬高吸收存款的定价。此时，扩大存款利率上限、推进存款利率市场化肯定是行不通的，因为如果政策部门允许把利率上浮到基准利率的 10 倍，那么所有的银行也都会抬高 10 倍，"囚徒博弈"下，如果不提高利率，银行的存款就流失了，进而就不能贷款了。"存款立行"的业内信条就是因此而生的。

（作者系兴业银行首席经济学家）

B.13

直销银行是新常态下中国
银行业的转型方向

魏德勇

　　目前全球银行业正在经历前所未有的变化，其他的新兴力量正在挑战银行业的地位。客户行为正在发生变化，公司客户和零售客户的要求变得更高、更零售化、更倾向于跨机构发展业务，而科技也正在改变我们与客户之间的关系以及我们对竞争优势的定义，欧洲和美国的金融危机使银行业失去了社会的信任，这是银行业本身对内部和外部挑战抵御能力的降低。

　　监管也正在发生变化，监管要求银行重新思考自身的业务模式，思考在哪些领域开展业务，思考如何更有效地进行竞争。这需要我们在一种新的环境下更有效地竞争，赢得我们客户的信任。

　　ING 银行在业内被认为是网上银行的先驱，拥有全球最大的直销银行。ING 直销银行业务模式顺应了市场发展趋势，客户越来越主动地表达他们的意愿，得到越来越多的信息，客户要求的体验也越来越高，而这些要求是传统银行业务无法满足的。它的特点就是直销，便于高效率、大规模和简单地销售产品。

　　中国市场已经具备发展直销银行业务的条件，智能手机的使用非常普遍，社交媒体已经成为沟通交流的重要方式，因此银行需要进一步提升其服务和产品，以满足这些客户的体验要求，而这些客户体验要求往往是现在传统银行无法很好满足的。

　　新的"数字一代"希望能掌握他们自身的财务情况，他们倾向于使用手机银行，而不是前往银行网点排队，他们希望能够在他们选择的地点和时间办理银行业务，希望能够得到优惠的价格，他们更希望能够通过手机享受银行的便利服务，他们还希望银行能够提供简单透明的产品，而不是复杂且无法解释的产品。这就是银行面临的新常态，我们必须适应这种新常态，国内银行需要采用新的科技，使自己具备金融创新的能力，以应对新的客户趋势。

（作者系北京银行副行长）

B.14

中国商业银行2013年的整体表现

欧明刚

2013年，经济回到新常态，监管进一步加强，利率市场化进一步深化，互联网金融"咄咄逼人"。在这样的背景下，本次评价从方法论上来讲，基本没有太大的变化，只是在个别分类指标上有一点儿不同，比如资本充足率，大多数商业银行都按照新的商业银行资本充足率管理办法披露了资本充足率、一级资本充足率、核心一级资本充足率，全国性商业银行的信息披露是非常完全的，但城商行还是按照旧办法进行比较的。

下面介绍一下《中国商业银行竞争力评价报告（2014）》的总体情况。

财务评价从资本充足性、资产质量、盈利性和流动性四个方面进行。

资本充足性。大型银行的资本充足率要高于股份制银行，而城商行的资本充足率保持比较高的水平。同时，对于城商行我们需要关注不同的资产规模，资产规模大于2000亿元的城商行的资本充足率指标普遍要低一些。

资产质量。2013年银行业的不良资产继续增加，不良率也开始回升。2012年是不良资产余额在上升，但2013年是不良资产额和不良资产率双双回升。与2012年相同的一点是，东部地区的城商行不良贷款率持续上升，平均值要高于中部和西部地区。值得关注的是，不良资产率回升的态势已经从东部地区向中部地区传递，这在数据上是能够得到支持的。贷款集中度指标是城商行比较头疼的问题，但这几年由于政府强调了整顿平台的相关要求，城商行的贷款集中度已经降下来了。

盈利性。总体来看，银行业的税后利润在增长，但增速是在下降的。其特征与往年类似，城商行的增速快于全国性商业银行。在全国性商业银行中，规模较小的银行的增速快于规模较大的银行，这是符合规律的。在全国性商业银行中，在净资产收益率和总资产收益率方面有6家是上升的，有11家是下降的，城商行的净资产收益率整体水平也在下降，同时城商行也表现出明显的规模特征和地域特征。与2012年相比，有11家全国性商业银行的成本收入比有不同程度的下降，城商行的成本收入比有一定上升，非常重要的原因是城商行在IT方面的投入有所上升，在员工激励方面的投入也有增加。

流动性。存贷比的考核现在面临着很大的问题，2013年出现的流动性危机震惊了整个银行业。从数据上看，城商行比大银行更加审慎。存款负债比方面，大型银行高于股份制银行。全国性商业银行的存款负债比有明显的分化，其中有9家银行出现下降，8家银行出现上升；城商行负债存款比均值为79.2%，比2012年底略微有所下降。

提高核心竞争能力的方向在于转型。

目前，由于各方压力的存在，转型成为银行业一个最重要的课题，这也推动了很多银行实行新的战略调整。我们发现银行的战略调整与前些年不太一样，各家银行的努力方向稍有不同，各自抓住自己有比较优势的业务。但是城商行的战略里依旧存在一个问题，即始终跟着大银行跑，特色不足，这是需要注意的问题。

从公司治理角度来讲，各银行的公司治理形式和要件基本满足，城商行的公司治理在弱化，大型银行则在强化。

从风险管理角度来讲，行业整体的风险管理水平在提高，但问题是风险管理的难度在增加，这一方面是由于不良资产上升，另一方面是因为出现了许多系统性风险，如利率风险、流动性风险等，各银行在应对这些风险方面的技术手段、模型以及人才储备还不够。

从 IT 建设角度来讲，前些年基本是几家大银行在垄断，现在有些中等规模的，包括城商行也开始进行了很多 IT 规划，且产品创新种类越来越多，但是种类基本上基于两种：互联网产品、监管套利产品。基于监管套利的创新产品有非常强的模仿性，很容易被模仿；但是基于互联网的创新产品是不容易被模仿的，具有一定的竞争力。

从市场影响力来看，在市场大局、资产规模、存款规模这些指标方面，城商行难以与大银行竞争。但是在某些局部性的领域里面，如债券市场的承销业务、代销业务，一些小银行做得比较有特色，这就是找到了局部市场的竞争力。

从人力资源角度来讲，目前最大的问题是银行越来越技术化，高端人才非常缺乏，在盈利能力下降的前提下，以薪酬为主导的激励政策可能面临巨大的压力。未来银行的人才竞争可能应更多地关注文化的因素。

从未来竞争力空间来讲，银行应建立以制度为基础，以人才、技术为关键的战略方向。我们经过 11 年的持续观察发现，对于好的管理团队来说，稳定性是最重要的。对于好的发展战略来说，执行力是最重要的，执行力最终会落到机制和文化上。目前，银行正在从粗放时代走向精细时代，未来的银行绝对是朝着内涵式发展的，这就需要从经济化管理上入手，向特色经营、压缩成本、扩宽渠道、加强风险管理方面去做。未来银行要真正建立起核心竞争力就需要有强大的技术支撑，需要在 IT 和风险管理方面投入资金和人才。

（作者系《银行家》杂志副主编、中国商业银行竞争力报告课题组副组长）

好银行的标准以及未来银行业的转型方向

刘煜辉

评价一家银行好坏最基础的标准是看这家银行是不是能够给股东带来长久持续的高回报，如果我们把一家银行的 ROE 水平做一个财务分解，可以看到，大体上这家银行的竞争力是由三个方面决定的：息差、资产周转率、杠杆率。

怎样提高我们的息差，这实际上是衡量一个银行的资产能力。

对于银行来讲，如果你想找到高收益回报的资产方向，则一定要"往下沉"，去做那 80% 没有得到满足的金融需求，只有这样银行才能找到自己的议价能力。应该说很多的银行都在这方面进行过探索，但是成功的模式并不是很多，核心原因是我们的银行没有掌握足够的定价能力。过去我们做信用靠的主要是单个抵押品，这样一个模式虽然可以做得很快，但是从风险和收益的角度来讲是不匹配的，生命周期空间是不匹配的。从最近的情况来看，中国商业银行的"软肋"来自于外部组织，也就是我们过去两年看到的发展得如火如荼的互联网金融。从阿里的角度看，它要替代的恰恰是我们传统信用领域最薄弱的环节，互联网通过大数据的挖掘，成就了一个比现实的担保链条更实用的信息，这种模式本质上也是一种信用数据的集成和挖掘。

总之，未来商业银行要提高息差只有一个方向，即在数据上做文章，创新商业模式。所以从这个角度来看，数据能力就是一种资产创造的能力。

然而，从目前的情况来看，中国的银行存在着天然的信息缺陷，我们的银行拥有丰富的结构性数据，比如说账户支付清算数据，但缺少非结构性数据，也就是代表客户体验性需求的交易行为的数据。在过去的模式下银行忽略了这些信息，所以成就了一批外部组织。

在美国，大家并没有把互联网金融看成银行的"天敌"，因为美国的金融企业本身的数据挖掘能力就很强大，反而利用互联网的手段探索解决了投融资过程中的信息不对称和契约不完备两大难题。中国银行业的数据挖掘能力相对比较低，这给了互联网公司这样一批外部组织迅速成长的空间，所以这种颠覆性的力量实际上来自于银行自身。未来银行转型应该积极利用互联网技术，提高自身的数据挖掘能力，寻找市场的"蓝海"，提高定价能力。

目前来看，中国银行业变革的时间"窗口"已经来临。越来越多的银行发现资产能力的"短板"已经成为制约银行未来成长的最大"瓶颈"，特别是在未来利率市场化的情况下，存款的概念会逐步淡化，而资金的概念会逐步强化。资金的逻辑是价高者通吃，谁能持续地提供风险可控的高收益，谁就有能力获得与之匹配的资金。在这个逻辑下，谁有创造、获得和管理资产的能力，谁就能获得超额的收益。这实际上是一种资产推动负债的过程。这种趋势已经越来越明显，"资产立行"成为现在金融不可阻挡的趋势。所以某种程度上来讲，中国银行下一步面临的恰恰是文化的转型，从过去传统的被动负债型的信用文化向主动资产管理型的文化转型。

提高资产周转率，实际上是美国模式的精华，即所谓的资产证券化。如果能够提供给银行以标准的资产证券化工具，建设资产证券化市场，银行就可以在利率市场化的浪潮下继续稳健地赢利。之所以中国的资产证券化在过去十年进展缓慢，其根本原因在于银行的资产能力相对比较弱。我们的银行目前所形成的庞大的存量资产中可能有相当一部分资产的收益是不能有效覆盖风险的，这类资产的证券化产品在市场上是卖不出去的。因此，过去十年制约资产证券化的关键因素仍来自于银行本身。银行的风险定价能力、资产能力相对较弱，制约了资产证券化的进程。我们的银行为了保证比较高的 ROE 水平，在过去几年都走上了加杠杆的道路，这也是过去两年中国的影子银行发展非常繁荣的原因之一。

在这样一个框架下我们要问，未来的中国银行应该走向哪个方向？2009 年以来从银行财务的角度讲我们感知最明显的变化是什么呢？一般性存款越来越短缺，银行现在为存款非常发愁，那为什么银行的一般性存款越来越短缺呢？我认为其本质是一个宏观问题，也就是说，从 2009 年开始中国的宏观条件在悄然发生变化，国民经济的两大基本账户——投资、储蓄的关系在逐步恶化，2013 年中国的投资率有可能上升到 68%，也就是说 2013 年中国的储蓄减掉投资不再是过剩的，而变成了负向缺口，相当于企业的自由现金流在这一年发生了质的变化，2013 年六七月份金融市场遇到的流动性冲击，实际上是与这个宏观背景密切相关的。投资与储蓄关系的恶化直接导致了外汇占款从 2012 年开始进入下行趋势，银行的外来性存款越来越少，所以商业银行的资产业务必然越来越依赖于同业和理财业务。这样的宏观金融条件变化迫使银行朝着两个方向发展：精品银行、投行化。未来，银行表内的成长空间越来越狭小了，银行只能向表外发展，也就是说理财和证券化会进入一个真正快速发展的时代。127 号文的精髓就是约束表内，释放表外。

从银行 ROE 杜邦分解的结构式来看，如果监管套利加杠杆的路径被封杀的话，银行必然会走提高风险定价能力和主动资产管理能力，理财 + 证券化的方向，以保持和实现自己未来的竞争力。所以银行间由原来被动地寻找监管套利为企业融资，转化为通过资产管理的方式进行主动投资来做业务，项目通过"通道"被设计成结构性的证券化产品，集团各类产品可以对接银行理财计划出售，直接融资由此可能进入一个发展的"快车道"，中国的金融结构将逐步发生深刻的变化。

直接融资比例如果能够真正地得到实质性的提高，中国的金融业会进入一个货币少增，或者不增，但是信用增加的状态。对于银行来讲，这意味着银行作为信用和债务中介的作用开始减弱，而商业银行业务投资银行化成为大势所趋，也就是说，中国银行业主动资产管理的时代实际上已经开启。我们可以看到，在最近几年金融市场业务的发展中，大资管时代已经搭建起了初步的框架，在这样一个大变革的时间"窗口"中，未来平台、零售能力强的银行可能会在新的一轮银行转型的竞争中成为时代的优胜者。只有具有为客户提供"一站式"金融服务、实现大面积广泛交叉销售的能力，银行才能真正提升客户的"黏性"，稳定银行的负债，并扩大银行的息差。

（作者系中国商业银行竞争力报告课题组副组长）

附　录

Appendix

B.16

附录1　2014年中国商业银行
竞争力评价结果

表1　2013年度全国性商业银行核心竞争力评价排名

全国性商业银行	公司治理	发展战略	风险管理	人力资源	信息科技	产品和服务	市场影响力	综合	排名
中国工商银行	0.838	0.887	0.875	0.868	0.918	0.856	0.914	0.879	1
中国建设银行	0.848	0.867	0.858	0.871	0.887	0.879	0.901	0.873	2
招商银行	0.865	0.878	0.852	0.865	0.865	0.88	0.873	0.868	3
中国银行	0.845	0.868	0.848	0.868	0.871	0.857	0.892	0.864	4
中国民生银行	0.898	0.902	0.828	0.861	0.816	0.859	0.845	0.858	5
交通银行	0.855	0.878	0.853	0.863	0.843	0.847	0.856	0.856	6
中国农业银行	0.803	0.862	0.853	0.838	0.879	0.853	0.883	0.853	7
中信银行	0.842	0.857	0.835	0.853	0.831	0.848	0.831	0.842	8
兴业银行	0.843	0.869	0.813	0.825	0.838	0.837	0.845	0.839	9
上海浦东发展银行	0.815	0.829	0.824	0.843	0.806	0.832	0.806	0.822	10
中国光大银行	0.834	0.827	0.803	0.815	0.837	0.825	0.787	0.818	11

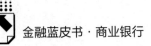

续表

全国性商业银行	公司治理	发展战略	风险管理	人力资源	信息科技	产品和服务	市场影响力	综合	排名
平安银行	0.845	0.857	0.823	0.803	0.828	0.815	0.745	0.817	12
华夏银行	0.825	0.809	0.804	0.782	0.824	0.798	0.723	0.795	13
广发银行	0.761	0.843	0.801	0.781	0.804	0.771	0.712	0.782	14
浙商银行	0.679	0.791	0.724	0.725	0.701	0.742	0.625	0.712	15
渤海银行	0.655	0.701	0.767	0.667	0.696	0.665	0.627	0.683	16
恒丰银行	0.587	0.732	0.683	0.635	0.693	0.698	0.674	0.672	17

表2 2013年度全国性商业银行财务评价排名

全国性商业银行	总资产（亿元）	风险	资本	盈利	流动性	综合财务评价	名次
中国工商银行	180517.08	0.892	0.920	0.864	0.729	0.872	1
中国建设银行	153632.10	0.889	0.864	0.851	0.737	0.852	2
中国民生银行	32262.10	0.900	0.831	0.863	0.522	0.830	3
兴业银行	36276.35	0.911	0.835	0.838	0.544	0.826	4
招商银行	40163.99	0.901	0.766	0.852	0.593	0.817	5
中国农业银行	144943.50	0.876	0.873	0.743	0.804	0.815	6
恒丰银行	7721.76	0.898	0.832	0.825	0.430	0.805	7
上海浦东发展银行	36801.25	0.911	0.833	0.781	0.524	0.801	8
中国银行	122996.23	0.873	0.892	0.721	0.639	0.794	9
渤海银行	5682.11	1.000	0.842	0.692	0.526	0.790	10
中信银行	36411.93	0.856	0.849	0.742	0.633	0.786	11
浙商银行	4881.17	0.944	0.861	0.655	0.609	0.774	12
中国光大银行	24150.86	0.892	0.830	0.722	0.538	0.773	13
华夏银行	16724.47	0.895	0.793	0.705	0.651	0.769	14
交通银行	59609.37	0.857	0.812	0.672	0.517	0.738	15
平安银行	18917.41	0.861	0.799	0.576	0.618	0.707	16
广发银行	14698.50	0.846	0.718	0.624	0.507	0.691	17

表3 2013年度资产规模2000亿元以上城市商业银行综合排名

城市商业银行	总资产（亿元）	风险	资本	盈利	流动性	综合财务评价	排名
盛京银行	3554.00	0.907	0.626	0.864	0.722	0.813	1
广州银行	3047.32	0.936	0.741	0.757	0.812	0.804	2
重庆银行	2067.87	0.919	0.770	0.750	0.660	0.787	3
宁波银行	4677.73	0.863	0.780	0.768	0.549	0.772	4
徽商银行	3821.09	0.877	0.873	0.714	0.552	0.770	5
成都银行	2612.77	0.879	0.750	0.722	0.726	0.768	6
杭州银行	3401.89	0.816	0.733	0.751	0.632	0.751	7
江苏银行	7632.34	0.825	0.800	0.703	0.647	0.748	8
南京银行	4340.57	0.866	0.750	0.657	0.651	0.727	9
昆仑银行	2464.53	0.849	0.748	0.656	0.510	0.708	10
包商银行	2425.56	0.840	0.775	0.630	0.594	0.708	11
哈尔滨银行	3221.75	0.836	0.765	0.626	0.640	0.708	12
上海银行	9777.22	0.869	0.652	0.659	0.487	0.693	13
北京银行	13367.64	0.886	0.618	0.640	0.464	0.679	14
天津银行	4043.50	0.849	0.580	0.639	0.519	0.668	15
吉林银行	2622.43	0.836	0.616	0.591	0.631	0.661	16
大连银行	2840.34	0.711	0.550	0.658	0.726	0.656	17

表4 2013年度资产规模为1000亿~2000亿元城市商业银行综合排名

城市商业银行	总资产（亿元）	风险	资本	盈利	流动性	综合财务评价	排名
南充市商业银行	1301.05	0.906	0.802	0.905	0.874	0.882	1
贵阳银行	1205.47	0.891	0.822	0.824	0.885	0.847	2
郑州银行	1493.34	0.898	0.688	0.831	0.701	0.806	3
长沙银行	1901.94	0.875	0.741	0.817	0.669	0.802	4
西安银行	1336.80	0.886	0.838	0.745	0.702	0.795	5
长安银行	1054.70	0.916	0.802	0.751	0.513	0.779	6
九江银行	1232.33	0.857	0.904	0.674	0.639	0.762	7
东莞银行	1637.25	0.855	0.773	0.724	0.550	0.749	8

城市商业银行	总资产（亿元）	风险	资本	盈利	流动性	综合财务评价	排名
南昌银行	1270.29	0.765	0.725	0.746	0.656	0.737	9
晋商银行	1317.86	0.871	0.633	0.689	0.653	0.719	10
威海市商业银行	1017.32	0.908	0.625	0.657	0.643	0.712	11
湖北银行	1036.73	0.877	0.624	0.650	0.727	0.710	12
龙江银行	1689.96	0.836	0.766	0.616	0.695	0.709	13
汉口银行	1782.22	0.842	0.690	0.647	0.674	0.707	14
华融湘江银行	1473.18	0.920	0.664	0.618	0.567	0.697	15
河北银行	1524.38	0.883	0.689	0.572	0.760	0.692	16
浙江稠州商业银行	1071.15	0.851	0.786	0.611	0.454	0.690	17
兰州银行	1253.89	0.852	0.639	0.616	0.711	0.689	18
苏州银行	1639.60	0.864	0.868	0.491	0.414	0.652	19
青岛银行	1356.89	0.876	0.598	0.546	0.660	0.651	20
富滇银行	1210.08	0.865	0.610	0.633	0.269	0.650	21
厦门银行	1057.56	0.853	0.856	0.436	0.574	0.638	22
锦州银行	1798.83	0.853	0.690	0.480	0.388	0.606	23
广东南粤银行	1307.96	0.787	0.546	0.515	0.637	0.601	24
温州银行	1040.60	0.783	0.610	0.458	0.567	0.581	25
珠海华润银行	1295.78	0.891	0.643	0.333	0.466	0.548	26

表5 2013 年度资产规模为 500 亿~1000 亿元城市商业银行综合排名

城市商业银行	总资产（亿元）	风险	资本	盈利	流动性	综合财务评价	排名
张家口市商业银行	666.37	0.951	0.876	0.843	0.731	0.866	1
台州银行	877.11	0.916	0.855	0.842	0.709	0.850	2
日照银行	646.66	0.856	0.883	0.842	0.728	0.842	3
宁夏银行	796.83	0.865	0.864	0.823	0.716	0.831	4
邯郸银行	723.63	0.946	0.854	0.782	0.603	0.819	5
攀枝花市商业银行	589.57	0.987	0.869	0.733	0.631	0.813	6
重庆三峡银行	767.56	0.899	0.692	0.799	0.746	0.797	7

续表

城市商业银行	总资产（亿元）	风险	资本	盈利	流动性	综合财务评价	排名
洛阳银行	977.27	0.894	0.808	0.790	0.554	0.796	8
赣州银行	668.45	0.974	0.803	0.604	0.819	0.758	9
乌鲁木齐银行	729.11	0.874	0.896	0.673	0.539	0.754	10
辽阳银行	744.32	0.857	0.907	0.589	0.844	0.745	11
桂林银行	984.04	0.866	0.681	0.725	0.626	0.742	12
贵州银行	942.81	0.857	0.764	0.642	0.813	0.737	13
营口银行	713.44	0.807	0.733	0.675	0.850	0.737	14
潍坊银行	643.61	0.856	0.751	0.643	0.780	0.731	15
柳州银行	677.71	0.892	0.732	0.628	0.711	0.723	16
德阳银行	542.26	0.858	0.630	0.718	0.575	0.721	17
齐鲁银行	940.04	0.856	0.687	0.618	0.801	0.710	18
浙江泰隆商业银行	775.82	0.857	0.603	0.668	0.721	0.707	19
莱商银行	512.82	0.830	0.915	0.562	0.563	0.700	20
内蒙古银行	653.10	0.767	0.918	0.557	0.700	0.696	21
齐商银行	610.68	0.722	0.615	0.697	0.774	0.695	22
阜新银行	680.79	0.844	0.795	0.544	0.794	0.694	23
福建海峡银行	843.51	0.883	0.752	0.587	0.548	0.671	24
鞍山银行	683.45	0.807	0.598	0.571	0.792	0.657	25
浙江民泰商业银行	733.29	0.790	0.720	0.551	0.578	0.647	26
绍兴银行	511.22	0.814	0.768	0.450	0.665	0.626	27
广西北部湾银行	902.92	0.704	0.928	0.240	0.528	0.522	28

表6 2013年度资产规模在500亿元以下城市商业银行综合排名

城市商业银行	总资产（亿元）	风险	资本	盈利	流动性	综合财务评价	排名
泸州市商业银行	150.59	0.977	0.856	0.892	0.775	0.894	1
承德银行	332.09	0.936	0.839	0.859	0.922	0.881	2
晋城银行	429.79	0.873	0.738	0.972	0.703	0.873	3
石嘴山银行	325.72	0.893	0.874	0.877	0.730	0.866	4

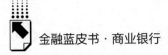
续表

城市商业银行	总资产（亿元）	风险	资本	盈利	流动性	综合财务评价	排名
遂宁市商业银行	227.25	0.914	0.835	0.881	0.695	0.862	5
乌海银行	260.28	0.917	0.958	0.831	0.669	0.862	6
青海银行	491.73	0.888	0.936	0.878	0.571	0.861	7
凉山州商业银行	205.74	0.944	0.716	0.890	0.765	0.857	8
乐山市商业银行	453.88	0.911	0.917	0.796	0.747	0.844	9
丹东银行	373.47	0.901	0.910	0.763	0.824	0.833	10
曲靖市商业银行	159.78	0.865	0.724	0.864	0.793	0.829	11
绵阳市商业银行	425.04	0.903	0.775	0.846	0.547	0.816	12
邢台银行	335.69	0.900	0.669	0.821	0.864	0.815	13
衡水银行	254.80	0.917	0.705	0.762	0.851	0.798	14
雅安市商业银行	60.86	0.850	0.884	0.747	0.725	0.798	15
上饶银行	385.00	0.854	0.841	0.752	0.665	0.786	16
秦皇岛银行	300.49	0.881	0.711	0.745	0.874	0.785	17
鄂尔多斯银行	423.00	0.769	0.929	0.745	0.686	0.782	18
抚顺银行	324.53	0.763	0.927	0.746	0.678	0.780	19
东营银行	389.49	0.903	0.794	0.709	0.748	0.778	20
济宁银行	303.36	0.873	0.863	0.689	0.750	0.776	21
达州市商业银行	138.21	0.894	0.992	0.592	0.850	0.773	22
沧州银行	470.05	0.906	0.780	0.648	0.830	0.757	23
自贡市商业银行	167.43	0.893	0.999	0.570	0.772	0.757	24
玉溪市商业银行	166.27	0.853	0.916	0.637	0.727	0.756	25
宜宾市商业银行	168.22	0.860	0.708	0.696	0.840	0.754	26
营口沿海银行	116.91	1.000	0.996	0.587	0.309	0.744	27
景德镇市商业银行	117.52	0.890	0.797	0.643	0.668	0.738	28
德州银行	304.93	0.775	0.854	0.656	0.620	0.722	29
大同银行	274.69	0.884	0.734	0.570	0.957	0.720	30
江苏长江商业银行	108.63	0.871	0.908	0.537	0.695	0.711	31
金华银行	396.00	0.825	0.550	0.646	0.749	0.682	32
枣庄银行	124.16	0.730	0.602	0.642	0.823	0.674	33

城市商业银行	总资产（亿元）	风险	资本	盈利	流动性	综合财务评价	排名
长治银行	186.44	0.805	0.914	0.522	0.528	0.672	34
朝阳银行	308.08	0.855	0.815	0.447	0.825	0.661	35
泉州银行	433.41	0.860	0.739	0.503	0.618	0.651	36
泰安市商业银行	281.97	0.667	0.677	0.580	0.819	0.645	37
临商银行	379.23	0.733	0.570	0.587	0.758	0.637	38
唐山银行	359.42	0.965	0.617	0.386	0.932	0.632	39
湖州银行	285.39	0.785	0.812	0.387	0.719	0.605	40
铁岭银行	273.38	0.861	0.707	0.396	0.698	0.605	41
焦作市商业银行	200.95	0.871	0.738	0.365	0.548	0.585	42

注意，数据披露不充分、成立未满三年（截至 2013 年 12 月底）以及正在重组合并的银行不计入此次排名。

表7　未列入此次排名的银行

成立未满三年的城市商业银行	甘肃银行、广东华兴银行、宁波东海银行、厦门国际银行
数据披露不充分或不及时的城市商业银行	平顶山银行、阳泉市商业银行、库尔勒市商业银行、哈密市商业银行、葫芦岛银行、新疆汇和银行、盘锦市商业银行、嘉兴银行、保定银行、本溪市商业银行、晋中银行、烟台银行、廊坊银行
正在重组合并的城市商业银行	安阳银行、开封市商业银行、濮阳银行、驻马店银行、三门峡银行、商丘银行、鹤壁银行、新乡银行、周口银行、漯河银行、信阳银行、许昌银行、南阳市商业银行

B.17

附录2 2014年中国商业银行
竞争力排名获奖名单

全国性商业银行	
2013 年度全国性商业银行 财务评价前 5 名	中国工商银行
	中国建设银行
	中国民生银行
	兴业银行
	招商银行
2013 年度全国性商业银行 核心竞争力前 5 名	中国工商银行
	中国建设银行
	招商银行
	中国银行
	中国民生银行
2013 年度全国性商业银行竞争力排名单项奖	
最佳全国性商业银行	中国工商银行
最快增长全国性商业银行	渤海银行
最佳创新全国性商业银行	中信银行
最佳战略管理全国性商业银行	平安银行
最佳风险管理全国性商业银行	广发银行
最具盈利能力全国性商业银行	中国工商银行
最佳财富管理全国性商业银行	中国建设银行
最具研究能力全国性商业银行	交通银行
最佳公司治理全国性商业银行	中国民生银行

续表

城市商业银行	
2013 年度资产规模 2000 亿元 以上城市商业银行评价前 5 名	盛京银行
	广州银行
	重庆银行
	宁波银行
	徽商银行
2013 年度资产规模 1000 亿～2000 亿元 城市商业银行评价前 5 名	南充市商业银行
	贵阳银行
	郑州银行
	长沙银行
	西安银行
2013 年度资产规模 500 亿～1000 亿元 城市商业银行评价前 5 名	张家口市商业银行
	台州银行
	日照银行
	宁夏银行
	邯郸银行
2013 年度资产规模 500 亿元以下 城市商业银行评价前 10 名	泸州市商业银行
	承德银行
	晋城银行
	石嘴山银行
	遂宁市商业银行
	乌海银行
	青海银行
	凉山州商业银行
	乐山市商业银行
	丹东银行

续表

<table>
<tr><td colspan="2" align="center">2013 年度城市商业银行竞争力排名单项奖</td></tr>
<tr><td>最佳城市商业银行</td><td>盛京银行</td></tr>
<tr><td>最具品牌影响力城市商业银行</td><td>北京银行</td></tr>
<tr><td>最具成长性城市商业银行</td><td>南充市商业银行、泸州市商业银行</td></tr>
<tr><td>最佳小微企业金融服务城市商业银行</td><td>哈尔滨银行、金华银行</td></tr>
<tr><td>最佳风险管理城市商业银行</td><td>邯郸银行、贵阳银行</td></tr>
<tr><td>最佳科技金融服务城市商业银行</td><td>杭州银行、汉口银行</td></tr>
<tr><td>最具经营效益城市商业银行</td><td>晋城银行</td></tr>
<tr><td>最佳金融创新城市商业银行</td><td>南昌银行、包商银行</td></tr>
<tr><td>最佳进步城市商业银行</td><td>承德银行、长安银行</td></tr>
<tr><td>最佳公司治理城市商业银行</td><td>南京银行、莱商银行</td></tr>
<tr><td>最佳财富管理城市商业银行</td><td>江苏银行、潍坊银行</td></tr>
<tr><td>最佳 IT 建设城市商业银行</td><td>浙江稠州商业银行</td></tr>
</table>

❖ 皮书起源 ❖

"皮书"起源于十七、十八世纪的英国，主要指官方或社会组织正式发表的重要文件或报告，多以"白皮书"命名。在中国，"皮书"这一概念被社会广泛接受，并被成功运作、发展成为一种全新的出版型态，则源于中国社会科学院社会科学文献出版社。

❖ 皮书定义 ❖

皮书是对中国与世界发展状况和热点问题进行年度监测，以专业的角度、专家的视野和实证研究方法，针对某一领域或区域现状与发展态势展开分析和预测，具备权威性、前沿性、原创性、实证性、时效性等特点的连续性公开出版物，由一系列权威研究报告组成。皮书系列是社会科学文献出版社编辑出版的蓝皮书、绿皮书、黄皮书等的统称。

❖ 皮书作者 ❖

皮书系列的作者以中国社会科学院、著名高校、地方社会科学院的研究人员为主，多为国内一流研究机构的权威专家学者，他们的看法和观点代表了学界对中国与世界的现实和未来最高水平的解读与分析。

❖ 皮书荣誉 ❖

皮书系列已成为社会科学文献出版社的著名图书品牌和中国社会科学院的知名学术品牌。2011年，皮书系列正式列入"十二五"国家重点图书出版规划项目；2012~2014年，重点皮书列入中国社会科学院承担的国家哲学社会科学创新工程项目；2015年，41种院外皮书使用"中国社会科学院创新工程学术出版项目"标识。

中国皮书网

www.pishu.cn

发布皮书研创资讯，传播皮书精彩内容
引领皮书出版潮流，打造皮书服务平台

栏目设置：

- □ 资讯：皮书动态、皮书观点、皮书数据、
  皮书报道、皮书发布、电子期刊
- □ 标准：皮书评价、皮书研究、皮书规范
- □ 服务：最新皮书、皮书书目、重点推荐、在线购书
- □ 链接：皮书数据库、皮书博客、皮书微博、在线书城
- □ 搜索：资讯、图书、研究动态、皮书专家、研创团队

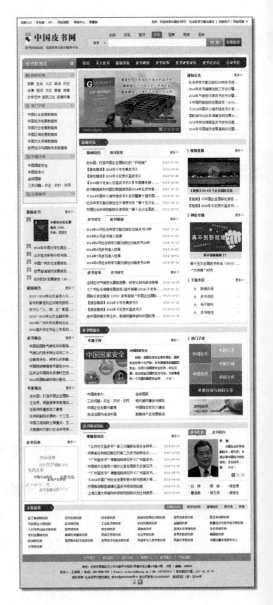

中国皮书网依托皮书系列"权威、前沿、原创"的优质内容资源，通过文字、图片、音频、视频等多种元素，在皮书研创者、使用者之间搭建了一个成果展示、资源共享的互动平台。

自 2005 年 12 月正式上线以来，中国皮书网的 IP 访问量、PV 浏览量与日俱增，受到海内外研究者、公务人员、商务人士以及专业读者的广泛关注。

2008 年、2011 年中国皮书网均在全国新闻出版业网站荣誉评选中获得"最具商业价值网站"称号；2012 年，获得"出版业网站百强"称号。

2014 年，中国皮书网与皮书数据库实现资源共享，端口合一，将提供更丰富的内容，更全面的服务。

法 律 声 明

权威报告·热点资讯·特色资源

皮书数据库
ANNUAL REPORT(YEARBOOK)
DATABASE

当代中国与世界发展高端智库平台

社会科学文献出版社 皮书系列
SOCIAL SCIENCES ACADEMIC PRESS (CHINA)

卡号：543961150567
密码：

S 子库介绍
ub-Database Introduction

中国经济发展数据库

涵盖宏观经济、农业经济、工业经济、产业经济、财政金融、交通旅游、商业贸易、劳动经济、企业经济、房地产经济、城市经济、区域经济等领域，为用户实时了解经济运行态势、把握经济发展规律、洞察经济形势、做出经济决策提供参考和依据。

中国社会发展数据库

全面整合国内外有关中国社会发展的统计数据、深度分析报告、专家解读和热点资讯构建而成的专业学术数据库。涉及宗教、社会、人口、政治、外交、法律、文化、教育、体育、文学艺术、医药卫生、资源环境等多个领域。

中国行业发展数据库

以中国国民经济行业分类为依据，跟踪分析国民经济各行业市场运行状况和政策导向，提供行业发展最前沿的资讯，为用户投资、从业及各种经济决策提供理论基础和实践指导。内容涵盖农业，能源与矿产业，交通运输业，制造业，金融业，房地产业，租赁和商务服务业，科学研究环境和公共设施管理，居民服务业，教育，卫生和社会保障，文化、体育和娱乐业等 100 余个行业。

中国区域发展数据库

以特定区域内的经济、社会、文化、法治、资源环境等领域的现状与发展情况进行分析和预测。涵盖中部、西部、东北、西北等地区，长三角、珠三角、黄三角、京津冀、环渤海、合肥经济圈、长株潭城市群、关中一天水经济区、海峡经济区等区域经济体和城市圈，北京、上海、浙江、河南、陕西等 34 个省份及中国台湾地区。

中国文化传媒数据库

包括文化事业、文化产业、宗教、群众文化、图书馆事业、博物馆事业、档案事业、语言文字、文学、历史地理、新闻传播、广播电视、出版事业、艺术、电影、娱乐等多个子库。

世界经济与国际政治数据库

以皮书系列中涉及世界经济与国际政治的研究成果为基础，全面整合国内外有关世界经济与国际政治的统计数据、深度分析报告、专家解读和热点资讯构建而成的专业学术数据库。包括世界经济、世界政治、世界文化、国际社会、国际关系、国际组织、区域发展、国别发展等多个子库。